LAURA ASHLEY

GESTALTEN
mit schönen Textilien

LAURA ASHLEY

GESTALTEN
mit schönen Textilien

AKZENTE SETZEN MIT STILVOLLEM ZUBEHÖR

LORRIE MACK UND DIANA LODGE
PHOTOKREATIONEN VON TIM IMRIE
ÜBERTRAGUNG AUS DEM ENGLISCHEN: JUTTA FANURAKIS

BUSSESEEWALD

Englische Originalausgabe:
Laura Ashley – Decorating with textiles and trimmings
Ebury Press
Random House
20 Vauxhall Bridge Road
London SW IV 2SA
© 1995 Laura Ashley (Text und Illustrationen)
© 1995 Tim Imrie (Spezialfotografie)

Lektorat:
Cindy Richards (verantwortlich)
Alison Wormleighton (Text)
Christine Wood (Gestaltung)
Tim Imrie (Fotokreationen)
Jacky Boase und Janie Jackson (Styling)
Kate Simunek (Illustrationen)
Kate Duffy (Bildbeschaffung)

Die Deutsche Bibliothek – CIP-Einheitsaufnahme

Laura Ashley – Gestalten mit schönen Textilien :
Akzente setzen mit stilvollem Zubehör /
Lorrie Mack und Diana Lodge.
Photokreationen von Tim Imrie.
[Übertr. aus dem Engl.: Jutta Fanurakis]. –
Herford : Busse Seewald, 1995
    Einheitssacht.: Laura Ashley – decorating with textiles and trimmings <dt.>
    ISBN 3-512-03142-0
NE: Mack, Lorrie; Imrie, Tim; Fanurakis, Jutta [Übers.]; EST

Deutsche Ausgabe:
© Verlag Busse + Seewald GmbH, Herford 1995
Übertragung aus dem Englischen: Jutta Fanurakis
Lektorat: Dieter Erb
Satz: Busse Druck, Herford
Druck und Buchbinderei: Butler and Tanner Ltd, Frome, Somerset

ISBN 3-512-03142-0

Inhalt

Einführung

Die Ausgestaltung unseres Heims und die Ausstattung mit Raumaccessoires sind in den letzten Jahren zu immer facettenreicheren Aufgaben geworden, Heute nehmen wir Interieurs bewußter wahr, und unser Interesse an handwerklichen Fertigkeiten hat zugenommen, angeregt durch die zahlreichen Veröffentlichungen in den Medien und die trendigen Einrichtungsshops, die außer einer hervorragenden Auswahl auch Dienstleistungen anbieten.

Der wichtigste Unterschied zu früher liegt darin, daß man einzelnen Ausstattungselementen mehr Beachtung schenkt, besonders den Raumtextilien. Es ist erstaunlich, in welchem Ausmaß sich ein Raum durch Erneuerung einzelner Elemente aktualisieren läßt. In diesem Buch finden Sie all die diversen Tricks und Techniken und das nötige Know-how, um Ihrem Heim ein neues Gesicht zu geben. Die Vorschläge reichen von eleganten Fensterdekorationen bis zu kleinformatigen Raumaccessoires wie Teewärmern und Kissenbezügen aus gemusterten Geschirrtüchern.

Laura Ashley hat Bahnbrechendes geleistet, ihr ist es zu verdanken, daß elegante Fensterdekorationen für jedermann erschwinglich wurden. Wir waren die ersten, die 1982 einen Mail-Order-Dienst für maßgeschneiderte Vorhänge und Rollos eingerichtet haben. Seit dieser Zeit haben wir ständig aufsehenerregende neue Produkte auf den Markt gebracht; unsere praktische Erfahrung mit Raumgestaltung und unser ständiges Bemühen um Komfort, Qualität und Preiswürdigkeit haben uns zu einer anerkannten Autorität auf dem Gebiet der Raumtextilien gemacht.

Jedes Kapitel ist einem Raum gewidmet, wodurch die Benutzung des Buches erleichtert wird. Vorangestellt ist jeweils das Foto eines Interieurs, das speziell für dieses Buch entworfen wurde und das Ihre Kreativität anregen soll. Im Text finden Sie faszinierende neue Ideen, kombiniert mit praktischen Ratschlägen und detaillierten Arbeitsanleitungen. Die einzigartige Kombination von ausgefallenen Ideen und unkomplizierten Ratschlägen wird Sie ermutigen und Ihnen das Selbstvertrauen geben, ihr Heim im Laura-Ashley-Stil umzugestalten.

Emma Ashley

Die blütenübersäten Vorhänge fungieren gleichzeitig als Bindeglied zwischen dem Wohnbereich und dem ländlichen Garten und, wenn sie zugezogen sind, als Trennlinie zwischen beidem. Der schmale Querbehang läßt genügend Freiraum für die interessante Stalltür, er wird über das danebenliegende Fenster weitergeführt.

Farben, Texturen und Muster

Fast jedes Heim hat die gleiche Grundmöblierung – Stühle, Tische, Betten und Stauraum – von großen Kleiderschränken bis zu kleinen Kabinettschränken. Die Dinge, die es mit Leben, Wärme, Behaglichkeit, menschlicher Wärme und dem persönlichen Flair seiner Bewohner erfüllen, sind die Textilien: eine eklektische Ansammlung von Vorhängen, Rollos, Polstermöbeln und Kissen, Teppichen und Brücken, Bettwäsche und Steppdecken und eleganten Accessoires wie Lampenschirmen, Tischdecken und Wandbehängen. Ein Teil dieses Inventars gehört normalerweise zur ursprünglichen Ausstattung, ein weiterer Teil besteht häufig aus Geschenken, und der Rest sammelt sich gewöhnlich im Laufe der Zeit an und besteht aus dekorativen Reisesouvenirs aus fernen Ländern. Es ist ganz gleich, ob Sie die kunstvoll gestalteten Dekorationen eines traditionellen Stils oder die sparsame Linienführung zeitgenössischer Ausstattungen bevorzugen, in jedem Fall wird ihre Wirkung durch die taktilen Oberflächenstrukturen und die eleganten Drapierungen der Baumwoll-, Leinen- und Wollstoffe oder der Seide unterstrichen.

STOFFE DER VERGANGENHEIT

Wegen ihrer dekorativen Eigenschaften und ihrer kulturellen Bedeutung haben Textilien stets großes Ansehen genossen. Im frühen Mittelalter mußten adlige Grundbesitzer, wenn sie die Kontrolle über all ihre Ländereien nicht verlieren wollten, mit ihrem gesamten Haushalt

Die Anhäufung weicher, verlockender Kissen zeigt, daß sich die verschiedensten Muster zu gelungenen Kombinationen zusammenstellen lassen. Streifen, Karos, florale Muster und unifarbene Stoffe, alles läßt sich kombinieren – ob für historisch inspirierte oder für zeitgenössische Ausstattungen.

ständig auf Reisen sein. Natürlich führten sie alle Einrichtungsgegenstände mit sich, die das tägliche Leben so angenehm und luxuriös wie möglich gestalteten und gleichzeitig den Reichtum und die gesellschaftliche Stellung der Familie sichtbar machten. Diese Besitztümer bestanden hauptsächlich aus Textilien: kostbaren Bettverkleidungen, handgewebten Tapisserien, die die Wände schmückten und Schutz vor Kälte boten, Tierhäuten und bestickten Kissen, die die harten Sitzgelegenheiten erträglicher machten, und Orientteppichen, die man über Tische und Truhen breitete.

Als die Gesellschaft seßhafter geworden war, spiegelte sich die wichtige Rolle der häuslichen Textilien in der herausgehobenen Position des »Upholders« wieder; seit Mitte des vierzehnten Jahrhunderts war er verantwortlich für sämtliche Haushaltstextilien, einschließlich der äußerst wichtigen *Passementerie,* der Posamenten, von den Quasten bis zu den Fransen, von den Tressen bis zur Spitze. Er hatte ungefähr die gleichen Pflichten wie der heutige Innenausstatter, ihm unterstanden auch die Arbeiten, die zur Innendekoration gehörten, wie Vergoldungen und Schnitzereien. Zusätzlich machte er nach dem Tod des Besitzers die Aufstellung und Bewertung des Haushaltes, verkleidete alle Räume und die Familienkutsche mit schwarzen Draperien und war auch für die Beerdigung verantwortlich. Diese Aufgabe übernahmen Mitte des neunzehnten Jahrhunderts selbständige Bestattungsunternehmer. Der »Upholder« wurde zum Polsterer, er fertigte die Vorhänge an und brachte sie an, war zuständig für Teppiche, für alle Arten von Draperien und für die Polsterung von Stühlen, Sesseln, Hockern und Sofas.

In viktorianischer Zeit spielten Haushaltstextilien eine besonders wichtige Rolle. Die Mode der verschwenderischen Stoffdekorationen war zumindest teilweise eine Folge der industriellen Revolution, die es ermöglichte, daß gefärbte und bedruckte Textilien nun in großen Mengen und zu niedrigeren Preisen hergestellt werden konnten. Heutzutage, mehr als ein Jahrhundert später, haben verbesserte Technologien in Verbindung mit den noch immer lebendigen, jahrhundertealten, traditionellen Handwerkstechniken dazu geführt, daß uns eine enorme Auswahl an schönen Stoffen und eleganten Posamenten aus aller Welt zur Verfügung steht.

UNBEGRENZTE MÖGLICHKEITEN

Für viele ist diese fast unbegrenzte Auswahl anregend und zugleich verwirrend. Wenn Sie Schwierigkeiten haben, sich zu entscheiden, denken Sie daran – gleich, ob Sie nur zwei Seitenschals oder die ge-

Das Ungewöhnliche an dieser Ausstattung ist die Wandverkleidung hinter dem Bett. Durch die Farbe und das Muster bekommt der Raum einen maskulinen Touch, aber trotzdem empfindet man den Spitzenbesatz und den pinkfarbenen Stoff der Bettdekoration nicht als störend. Der um den Spiegel drapierte Schal nimmt das Rot der gemusterten Stoffe auf und mildert die Strenge des schlichten Holzrahmens.

*Hier wurden neutrale Farbtöne in ver-
schiedenen Nuancen sehr effektvoll
kombiniert, sie wirken raumerweiternd
und sorgen für eine ruhige Atmosphäre.
Der Stil ist vorgegeben durch den Bodenbelag aus Naturfasern und die weiß
gestrichene Schrankfläche. Die dekorativen Details wie das Kissenmuster und
die Bogenkante am Volant des Sessels
lockern das Ganze auf ohne das edle
Unterstatement zu stören.*

samte Textilausstattung für ein Haus aussuchen müssen – daß Sie sich
Ihre Aufgabe enorm erleichtern können und viel bessere Resultate erzielen, wenn Sie ein paar einfache Regeln beachten.

Wenn Sie über den Stil einer gesamten Ausstattung entscheiden
müssen, achten Sie darauf, daß Ihre Wahl im großen und ganzen mit
dem Baustil des Hauses übereinstimmt. Großzügige, elegant drapierte Querbehänge und Schabracken sind die ideale Dekoration für georgianische und viktorianische Räume, aber für ein Cottage mit niedrigen Räumen oder für eine bescheidene Stadtwohnung sind ihre im-
posanten Proportionen eher ungeeignet. Andererseits können zier-
liche Rüschen und schmale Zierkanten, die in einem schlichten, traditionell ausgestatteten Heim bezaubernd wirken können, von der
großräumigen, soliden Konstruktion einer ehemaligen Scheune oder
eines umgebauten Lagerhauses völlig erdrückt werden.

Scheuen Sie sich nicht, bei der Farbauswahl Ihrem Instinkt zu fol-
gen. Wenn Sie selbst nie Grün tragen, würden Sie sich auch in einem
vorwiegend grünen Raum nicht wohl fühlen, obwohl gerade diese
Farbe vielleicht gerade in Mode ist. Wenn Gelb schon immer Ihre
Lieblingsfarbe war, bleiben Sie dabei und setzen Sie sie ein, wenn Sie
eine behagliche Umgebung schaffen möchten, die in warmes Sonnenlicht getaucht ist, die Ihnen Freude macht und Ihre Stimmung
hebt.

Wenn Sie sich gern mit neutralen Farben wie Weiß, Grau oder Creme umgeben, denken Sie nicht daran, daß sie langweilig wirken
könnten – neutrale Farben können genauso ausdrucksstark sein wie
lebhafte Farben. Sie müssen sich auch nicht auf die sicheren Pastelltöne beschränken: anstatt Hellgelb wählen Sie ein leuchtendes Dot-
terblumengelb oder ein dunkles Ocker. Farben von gleicher Wertig-
keit lassen sich am besten kombinieren – ein marineblaues Sofa, kombiniert mit rötlichem Braun, Kastanie oder Flaschengrün, kann sen-
sationell wirken, während Vorhänge in einem sonst sehr respektablen,
pastelligen Rosa neben diesem Sofa schlicht verwaschen oder ausge-
blaßt aussehen würden.

Sie sollten auch versuchen, durch ungewöhnliche Musterkombi-
nationen nach Ihrem eigenen Geschmack aufregende, neue Effekte zu
kreieren. Auch als Neuling wird Ihnen das gelingen, wenn Sie sich an
Muster halten, deren Motive etwa gleich groß sind und die im Charakter übereinstimmen; kombinieren Sie einen frischen, karierten
Gingham mit einfachen, ländlichen Streublümchenmustern; zarten
Toile de Jouy mit eleganten Streifen im Georgian Style; oder winzige
geometrische Motive mit der allover-Wirkung eines texturierten Stoffes. Wenn Sie bereits ein paar Erfahrungen gesammelt haben, können
Sie sich an Kombinationen von kleingemusterten Stoffen mit großen
Karomustern wagen.

WIE MAN DIESES BUCH BENUTZT

Allein die Tatsache, daß Textilien so verschiedenartig und so vielseitig verwendbar sind, bedeutet, daß man sie entweder als elegante Akzente einer schon bestehenden Ausstattung verwenden kann oder um einem Raum ein völlig neues Gesicht zu geben. Dieses Buch stellt eine Reihe von Dekorationsvorschlägen vor, die ausgewählt wurden, weil sich damit bei geringstem Aufwand die größtmögliche Wirkung erzielen läßt. Einige erfordern spezielle Konstruktions- oder Nähtechniken, die jedoch von detaillierten Abbildungen und Arbeitsanleitungen begleitet werden. Bei vielen Vorschlägen handelt es sich aber um sehr einfache, phantasievolle Ideen, die sich ohne große Vorbereitungen realisieren lassen.

Die folgenden Kapitel behandeln die einzelnen Räume – Wohnräume, Schlafräume und so weiter – aber die meisten Vorschläge lassen sich leicht für jeden anderen Raum abwandeln. Stellen Sie sich das Kissen mit der schlichten Einfassung aus dem Kapitel »Küchen« auf einer riesigen, federnden Couch vor oder den einseitig gerafften Vorhang aus dem Kinderzimmer in einem traditionellen Wohnzimmer oder einem Arbeitszimmer. Entdecken Sie für sich selbst die Wirkung von spröden Baumwoll- oder Leinenstoffen, von weichen Wollstoffen, von luxuriösen Fransen und schweren Quasten. Wenn Sie erst einmal begonnen haben, Dinge auszuprobieren, werden Sie sich sicherer fühlen; Sie werden zu neuen Ideen angeregt und sind ehrgeizig genug, eigene, ungewöhnliche Wege zu gehen und ihr Heim unwiderstehlich zu gestalten und mit Textilien und Posamenten zu neuem Leben zu erwecken.

Die Farbe der mit verschwenderischer Einfachheit drapierten Vorhänge verbreitet einen Hauch von Opulenz in dem sonst so schlichten, dunklen Raum und bringt die diamantsplitterförmigen Motive der antiken Patchworkdecke raffiniert zur Geltung. Spuren des gleichen Farbtons erscheinen auch auf den Kissen, die die schlichte Fensterbank schmücken und verbinden die beiden Raumabschnitte miteinander.

Wohnräume

Im frühen Mittelalter fanden alle familiären Aktivitäten, einschließlich Kochen und Schlafen in einem einzigen Raum statt, in der *Great Hall*. Seit dieser Zeit wurden noch nie so hohe Anforderungen an einen einzigen Raum gestellt wie heutzutage an unser – sehr viel kleineres – Wohnzimmer. In erster Linie sehen wir fast alle in diesem Raum eine schützende, hegende Hülle, in der wir lesen, fernsehen oder Musik hören können und wo wir uns bei Spielen oder Gesprächen mit Familienmitgliedern und Freunden entspannen können. Häufig dient es uns auch als häusliches Büro oder als ein Ort, an dem wir unsere Hobbies pflegen. Und zwischendurch soll der gleiche Raum mit einem Minimum an zusätzlichem Aufwand als halböffentlicher Schauraum zur Verfügung stehen: als gastliche, elegante Tribüne, als ein Ort, wo man Besucher empfängt, und der gleichzeitig ein Spiegelbild unseres Geschmacks und unserer Interessen ist.

Damit Ihr Wohnzimmer all diese Erwartungen erfüllen kann, muß es behaglich, so praktisch wie möglich und dekorativ sein, und dazu werden die von Ihnen ausgewählten Textilien und Polstermöbel erheblich beitragen. Vor allem sollten Sie bei Sitzmöbeln nur die beste Qualität kaufen, denn wer kann sich schon auf unbequemen Stühlen oder Sofas entspannen? Und was noch wichtiger ist, sie sind häufig der Blickpunkt eines Raumes. Daher sollten Sie immer darauf achten, daß die ausgewählten Bezugstoffe in bezug auf die Stärke des Gewebes und die Farbgebung für den betreffenden Zweck geeignet sind. In guten Geschäften wird man Sie darauf aufmerksam machen, falls Sie einen Stoff gewählt haben sollten, der sich nur für Vorhänge eignet. Aber für die Farbe sind Sie selbst verantwortlich. Sollte Ihr Haushalt

Wenn Sie einen Raum kreieren wollen, der elegant, spektakulär und behaglich zugleich wirkt, kombinieren Sie satte Farbtöne und verschiedene Muster mit stilvollen Accessoires in verschwenderischer Fülle: Bedecken Sie Sessel, Sofas und Tische mit Tüchern und Decken in kontrastierenden Mustern; nähen Sie Armlehnenbezüge in Tartanmustern und häufen Sie auf dem Sofa Kissen mit den verschiedensten Texturen an, die mit den übrigen Farben verschmelzen.

15

Auf der gegenüberliegenden Seite unseres Wohnzimmers hat sich durch ein paar orientalische Textilien exotische Volkskunst etabliert: ein Teppich mit Fransen, ein antiker Patchwork-Wandbehang und ein Paisley-Tuch als Tischdecke. Dieses ungewöhnliche Nebeneinander von Dekorationselementen indischer Herkunft und im baronial und Elizabethan Style verträgt sich so gut, weil alle Elemente eine ähnliche Farbintensität haben.

ausschließlich aus umsichtigen Erwachsenen bestehen, die das Wohnzimmer nur für formale Zwecke benutzen, wären Pastelltöne vertretbar. Wenn aber Kinder und Tiere zum Haushalt gehören, wählen Sie lieber dunklere Töne, um Abnutzung zu verdecken. Versuchen Sie ein Farbkonzept zusammenzustellen, das sich einer Vielfalt von Personen und Aktivitäten über einen möglichst langen Zeitraum anpaßt.

Wir haben für unser Wohnzimmer eine Palette traditioneller Farbtöne ausgesucht, die auf Burgunderrot, Dunkelgrün und Creme basiert. Dazu haben wir schöne, traditionell inspirierte Möbel ausgesucht und eine bunte Mischung von Accessoires: Kissen mit alten Stickereien, moderne Lampenschirme und exotische Textilien, die dem Raum ein luxuriöses, opulentes Flair verleihen. Mit den gleichen Elementen, etwas anders interpretiert, könnte man eine Vielfalt von Ausstattungsstilen kreieren. Wenn Sie eine warme, ländliche Atmosphäre schaffen möchten, wählen Sie weichere, hellere Farbtöne und ersetzen die ausgefallenen Muster der Vorhänge durch unifarbene Stoffe, einfache Streifenmuster oder ein rustikales Blumendesign. Anstelle der orientalischen Drapierungen könnten Sie Sofas, Stühle oder Tische mit hübschen Quilts dekorieren oder ein altes, gerahmtes Stickmuster oder ein schönes Quilt an die Wand hängen. Und auf dem Sofa türmen Sie farblich abgestimmte Kissen übereinander – in diesem Fall aus Wolle oder Baumwolle statt aus Samt und Tapisserien, und legen Sie einen handgearbeiteten Vorleger aus Wollresten oder geflochtene Matten auf den Boden.

EINE SCHABRACKE MIT FRANSEN ARBEITEN

Im Wohnzimmer wollten wir eine einfarbige Schabracke anbringen, die dem Raum formelle Eleganz verleihen sollte, aber wegen des beschränkten Platzes, der uns zur Verfügung stand, mußten wir uns einschränken. Wir haben daher einen Stoff mit breiten Streifen für die Vorhänge gewählt, einen Streifen abgeschnitten, auf beiden Seiten eine Bordüre angesetzt und daraus eine Schabracke gearbeitet. Der Stoff wurde mit Steifleinen oder Zwischenfutter unterlegt und mit Hilfe eines Klettverschlusses auf einer Holzleiste befestigt. Der Stoffstreifen wurde oben mit einer farblich abgestimmten Ripsborte und an der Unterkante mit einer Fransenborte abgesetzt.

Sehr beliebt ist auch eine andere Version dieser geraden Schabracke: Sie schließt unten mit einer Phantasiekante ab, die mit Hilfe eines Papiermusters bogenförmig, zinnenförmig oder zackenförmig ausgeschnitten wird.

ARBEITSMATERIAL

*Ein Streifen des Vorhangstoffes
Passendes Nähgarn
Vorhangfutter für die Rückseite der
Schabracke
Zwischenfutter oder Steifleinen in der
gleichen Breite wie die Schabracke
Borte für die Oberkante
Fransenborte für die Unterkante
Allzweckkleber, geeignet für Stoff
Klettverschluß
Brett oder Leiste für die Schabracke,
2,5 cm breit
Winkeleisen*

MASSNEHMEN

Die Länge des Brettes oder der Leiste für die Schabracke einschließlich der Retouren messen. Oberstoff und Futterstoff nach diesen Maßen ausschneiden, in der Länge und Breite je 2,5 cm zugeben. Das Zwischenfutter nach den gemessenen Maßen ohne Zugaben zuschneiden.

1. Den Oberstoff auf einer Fläche ausbreiten, die rechte Seite nach unten. Das Zwischenfutter darauflegen. Vom Oberstoff müssen rundherum 1,2 cm zu sehen sein.

2. Das Zwischenfutter auf den Oberstoff in senkrechten Linien anstaffieren, in der Mitte beginnen und in ungefähr 20 cm Abstand zu den Seiten hinarbeiten. Zum Anstaffieren das Zwischenfutter zurückschlagen und den Faden oben auf der Rückseite befestigen. Dicht an der Bruchkante durch Zwischenfutter und Oberstoff stechen, mit jedem Stich nur wenige Fäden erfassen. Die Nadel durch die Fadenschlinge stecken und den nächsten Stich in etwa 5 cm Entfernung, dicht an der Bruchkante, machen. Entlang der Bruchkante nach unten weiterarbeiten. Den Faden befestigen.

3. Die 1,2 cm breite Stoffzugabe rundherum nach hinten auf das Zwischenfutter kippen. Die Ecken abschrägen, auf Gehrung arbeiten.

4. Die umgebogenen Kanten mit Hexenstich auf dem Zwischenfutter befestigen. Von links nach rechts arbeiten, die Spitze der Nadel zeigt nach links. Stoff und Kante mit sehr kleinen Stichen durchstechen.

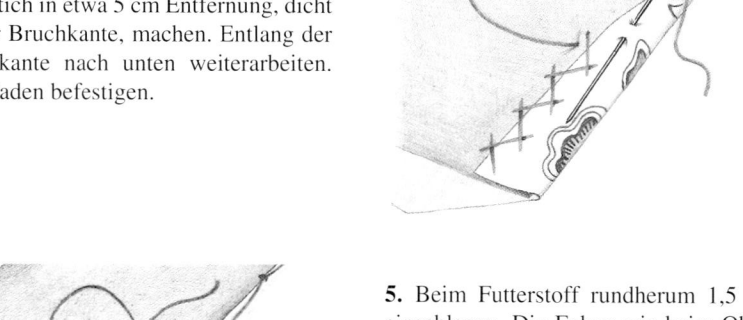

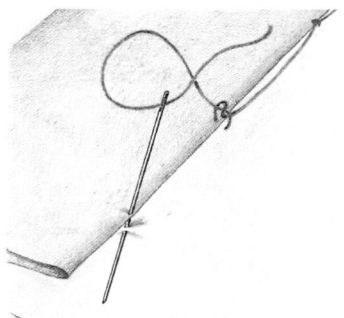

5. Beim Futterstoff rundherum 1,5 cm einschlagen. Die Ecken wie beim Oberstoff verarbeiten. Auf das Zwischenfutter legen und rundherum mit Fallstich am Oberstoff befestigen. Das Futter darf von der Vorderseite der Schabracke nicht zu sehen sein. Den Fallstich von rechts nach links arbeiten. Mit jedem Stich nur wenige Fäden des Oberstoffes aufnehmen. Dann die Nadel in die Bruchkante des Futterstoffes stechen und etwa 6 mm nach links führen. Wieder nach außen stechen und genau an dieser Stelle in den Oberstoff stechen, dabei nur wenige Fä-

*Eine einfarbige Borte und eine bogen-
förmige Fransenborte in Grün, Rot und
Creme gibt der Dekoration der
Schabracke den letzten Schliff.*

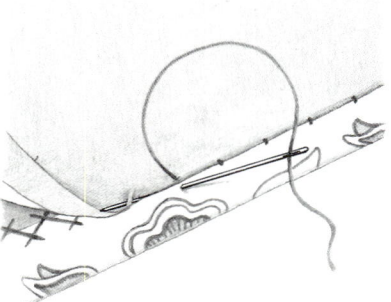

den aufnehmen. Die Prozedur wiederholen.

6. Auf der rechten Seite der Schabracke
die Borte dicht an der Oberkante ankleben. Die Fransenborte an der Unterkante
ankleben.

7. Den Schlingenteil des Klettbandes auf
der Rückseite der Schabracke befestigen,
etwa 6 mm unterhalb der Oberkante. Den
entsprechenden Häkchenteil an das
Schabrackenbrett oder die Leiste kleben.
Die fertige Schabracke andrücken.

EINEN BEZUG FÜR EINE OTTOMANE ARBEITEN

Die Ottomane ist ebenso funktionell wie dekorativ. Sie hat sich aus der gepolsterten, kissenbedeckten Liege entwickelt, die in der Türkei gebräuchlich war und zu Beginn des neunzehnten Jahrhunderts im westlichen Europa in Mode kam. In viktorianischer Zeit war sie in England in jedem Raum des Hauses zu finden, ob in runder oder rechteckiger Form, und mit den verschiedensten Stoffen bezogen. Die Kastenottomane mit dem gepolsterten, an einem Scharnier befestigten Deckel, war ein besonders vielseitiges, viktorianisches Möbelstück und ist noch heute sehr beliebt.

Bei der Kastenottomane handelt es sich mehr oder weniger um einen großen Kasten, der mit Stoff bezogen ist. Man kann sie leicht aus einer einfachen Holzkiste für Decken oder einem Metallkoffer selbst basteln. Die fertige Ottomane wirkt nicht nur weicher und wärmer als ein Couchtisch, sie ist – weil sie niedriger ist – auch bequemer in der Benutzung. Außerdem bietet sie viel Stauraum und kann als zusätzliche Sitzgelegenheit verwendet werden.

Wir haben für unsere Kastenottomane einen losen Bezug mit einem glatten Volant mit Kellerfalten an den Ecken gearbeitet. Als Bezugstoff haben wir einen Baumwollstoff mit einem Karomuster in zarten Grün- und Rottönen gewählt. Sollten Sie viktorianische Opulenz vorziehen, wäre ein schwererer Stoff das Richtige, zum Beispiel ein Tapisseriestoff oder zusammengesetzte Stücke eines Kelims, eines Orientteppichs oder auch eines gebrauchten Quilts. Und aus den Stoffresten kann man später prächtige Kissenbezüge arbeiten. Auch ein bestickter, indischer Stoff oder ein Stoff mit Flor, wie Chenille, würde sich gut eignen. Die unversäuberten Kanten auf der Innenseite des Bezuges werden mit Gimpe (die sich an Ecken gut anschmiegt) oder Litze verdeckt.

ARBEITSMATERIAL

Einfache Truhe oder Kasten mit glattem
Deckel
Bezugstoff
Passendes Nähgarn
Schaumgummi für die Polsterung,
4 cm dick
Allzweckkleber
Tacker oder Hammer und kleine Nägel
Borte oder Gimpe

MASSNEHMEN

Den Stoff für den Deckel mit 15 cm Zugabe rundherum schneiden. Für den Volant Stoff in folgenden Maßen zuschneiden: Höhe plus 7,5 cm mal Umfang plus 82,5 cm.

1. Während der Näharbeiten und der Anproben die Scharniere von der Truhe entfernen.

2. Den Schaumstoff nach den Maßen des Deckels zuschneiden, die Ecken nach oben abschrägen. Dazu eignet sich ein Haushaltsmesser besser als eine Schere. Den Schaumstoff auf den Deckel kleben.

3. Den Bezugstoff fest über den Schaumstoff spannen, an den Ecken sorgfältig übereinanderfalten, auf der Unterseite mit dem Tacker oder mit Nägeln am Deckel befestigen, zuerst zwei gegenüberliegende Seiten. In der Mitte beginnen und zu den Ecken hinarbeiten. Danach die beiden anderen Seiten befestigen.

4. Bei den Scharnierbändern den Stoff mit einem Haushaltsmesser ausschneiden. Den Stoff rund um die ausgesparten

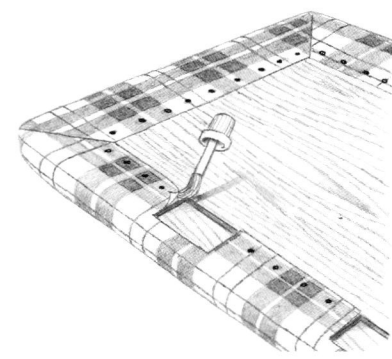

Stellen ankleben. Wenn er nicht allzu dick ist und die Scharnierbänder sind kräftig genug, kann man sie einfach über dem Stoff anschrauben.

5. Wenn der Bezug für den Deckel fertig ist, die Gimpe über die unversäuberten Stoffkanten kleben.

6. Den Stoff für den Volant zusammenfalten, die rechte Seite nach innen. Die beiden schmalen Kanten mit einer Zugabe 12 mm zusammensteppen, so daß eine Schlaufe entsteht. Die Naht auseinanderbügeln. An der Unterkante einen Doppelsaum von 12 mm mit Fallstich nähen.

7. Die linke Seite nach außen drehen, die Schlaufe zusammenlegen. Die Naht soll in der Mitte der hinteren Seite liegen. Die Position der Ecken der Truhe markieren, an jeder Ecke 20 cm Stoff für die Kellerfalte markieren. Die Falte zu beiden Seiten legen und die beiden Kanten von oben bis unten stecken. Den Volant über die Truhe legen und anpassen. Dicht an der gesteckten Kante jeder Falte eine 10 cm (von oben gerechnet) lange, senkrechte Naht steppen (d.h. 11,5 cm lang, wenn man bis zur unversäuberten Oberkante rechnet).

8. Die rechte Seite nach außen drehen, den Stoff über die Truhe ziehen, die Kellerfalten legen, so daß die Kanten genau auf der Ecke zusammentreffen. Die Falten entlang der Oberkante heften. Bügeln.

9. Den Volant so über die Truhe ziehen, daß der Saum bis zum Boden reicht. Die unversäuberte Oberkante über den Rand der Truhe nach innen kippen und mit dem Tacker oder mit Nägeln befestigen. Wenn der Stoff auf der Innenseite der Truhe bei den Falten zu sperrig ist, einen Teil der Falten abschneiden, aber nur bis zur Oberkante der Truhe. In diesem Fall muß der obere Teil der Falten außen an die Truhe angeklebt werden.

10. Die unversäuberten Stoffkanten innerhalb der Truhe mit Gimpe bedecken.

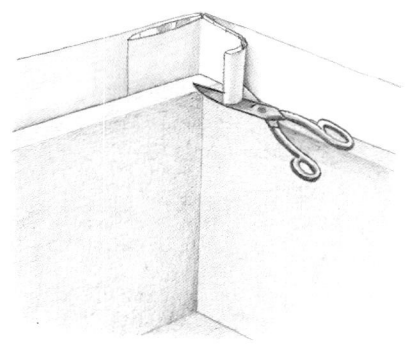

11. Zum Schluß die Scharniere wieder anschrauben. Möglicherweise muß an den Scharnierbändern beim Deckel zusätzlich etwas Stoff abgeschnitten werden.

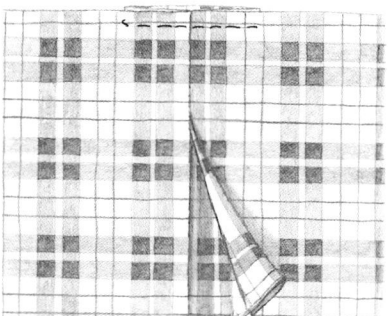

Unsere Ottomane hat einen losen Bezug aus sprödem Baumwoll-Stoff mit Quetschfalten an den Ecken. Ein völlig anderes Gesicht hätte die Truhe, wenn man alle Flächen polstert und sie mit einem eng anliegenden Bezug aus schwerem Tapisseriestoff, Krewelstickerei, dicker, weicher Chenille oder aus Stücken eines alten Kelims, eines Orientteppichs oder eines alten Quilts verkleidet. Die Schnittkanten und Nähte könnte man mit dicker Kordel oder Borte verdecken, die aufgeklebt oder mit Heftklammern befestigt wird.

Wenn Sie einen fertig gekauften Lampenschirm in eine Sonderanfertigung verwandeln wollen, verzieren Sie die Unterkante mit einer farblich abgestimmten Tresse oder Fransenborte oder binden Sie eine üppige, auffallende Quaste an die Oberkante.

EINEN GEFÄLTELTEN LAMPENSCHIRM ARBEITEN

Anstatt Lampenschirme als schlichtes, nützliches Zubehör für sorgfältig ausgesuchte Lampenfüße zu betrachten, sollte man sie als elegante Accessoires mit eigenem Dekorationswert betrachten – als Accessoires, die Farben, die an anderer Stelle des Raumes vorkommen, wieder aufnehmen oder dem ganzen Konzept einen unerwarteten, heiteren Akzent geben. Sie müssen sich nicht auf vorgefertigte Lampenschirme beschränken, wenn Sie einen Stoff finden, mit dem Sie Ihren eigenen Entwurf realisieren können, der Ihrem Geschmack entspricht und in Ihre Räume paßt. Wenn Sie bis jetzt noch nie einen Lampenschirm gearbeitet haben, werden Sie wahrscheinlich feststellen, daß ein gefältelter Schirm leichter zu arbeiten ist als ein glatter.

Wofür Sie sich auch entscheiden, als erstes brauchen Sie einen Drahtrahmen. Hier gibt es diverse Grundformen: die geraden Zylinder, die geschweiften Pagodenformen und die nach oben schmäler werdenden konischen Formen.

Neue Rahmen können Sie fast überall kaufen, Sie können aber auch nach einem gebrauchten, zerrissenen Lampenschirm in einer ungewöhnlichen Form Ausschau halten. Wichtig ist, daß der Rahmen noch in Ordnung ist, aber der alte Stoff und das Band, mit dem der Rahmen umwickelt ist, müssen restlos entfernt werden. Und auch mögliche Rostspuren. Um weiterem Rost vorzubeugen, kann man den Rahmen streichen oder firnissen.

Bei der Stoffwahl muß man zunächst berücksichtigen, welche Funktion die Lampe haben soll. Wenn es sich nur um eine atmosphäreschaffende Lichtinsel in einer dunklen Ecke handelt, können Sie jedes leichte oder mittelschwere Material in jeder nur erdenklichen Farbe wählen. Wenn die Lampe zum Lesen oder zum Arbeiten dienen soll, ist ein leichter Stoff (Baumwolle oder Seide) in einer hellen Farbe zu empfehlen – eine ideale Lösung sind Kleiderstoffe. Für die Kanten brauchen Sie einen Paspel aus dem gleichen Stoff, ein schmales Band oder eine Kordel.

Wenn man einen gewöhnlichen Lampenschirm mit geraden Seiten arbeitet, umwickelt man den Rahmen zunächst mit einen Baumwollband, an dem der Schirm zum Schluß befestigt wird. Es empfiehlt sich, den Lampenschirm zu füttern, damit die Längsverstrebungen nicht durchschimmern, wenn das Licht brennt: Flammenhemmend ausgerüstete Seide eignet sich am besten, aber statt dessen wird häufig feiner Baumwollstoff verwendet. Weiß läßt am meisten Licht durch. Bei unserem gefältelten Schirm schimmern die Verstrebungen nicht durch, er muß also nicht gefüttert werden. Wir haben den Prozeß noch weiter vereinfacht und haben den Bezug mit Klebstoff befestigt, anstatt ihn anzunähen.

ARBEITSMATERIAL

*Rahmen für einen Lampenschirm in
Form eines Kulihutes
Stoff
Passendes Nähgarn
Lange Stecknadeln
Allzweckkleber, der sich für Textilien
eignet*

1. Den unteren und den oberen Umfang des Rahmens messen. Für jeden der beiden Ringe brauchen Sie einen Schrägstreifen zum Einfassen. Schneiden Sie aus dem Stoff (oder aus einem kontrastierenden Stoff) 5 cm breite Schrägstreifen mit einer Nahtzugabe von je 1,5 cm.

2. Die Höhe des Rahmens entlang einer der Längsverstrebungen messen. Ein Rechteck in dieser Breite quer zum Fadenlauf schneiden. Die Länge des Rechtecks beträgt, wenn man die Falten berücksichtigt, ungefähr das 1½fache des Umfangs des unteren Ringes plus einer Nahtzugabe von 2,5 cm.

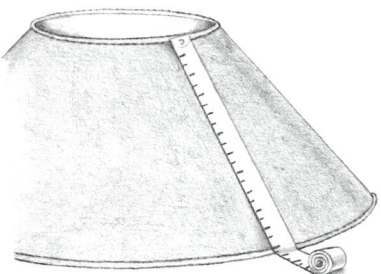

3. Den Stoff zusammenfalten, die linke Seite nach außen. Die kurzen Seiten aneinandernähen, 1,2 cm Nahtzugabe stehenlassen. Die Kanten versäubern. Die Naht ausbügeln. Den Stoffring in vier

Viertel einteilen und an Ober- und Unterkante mit kleinen Einkerbungen markieren. Den Rahmen ebenfalls in Viertel einteilen und am oberen und unteren Ring markieren.

4. Den Stoff über den Rahmen ziehen und die Falten einlegen. Den Stoff während des Einlegens mit einem schmalen Klebestreifen festhalten, der an der Rückseite des oberen Ringes bzw. des unteren Ringes befestigt wird.
(Man kann zügiger arbeiten, wenn man sich vor Beginn der Arbeit kurze Klebestreifen schneidet.)
Jede Falte oben und unten mit einer langen Nadel stecken.

5. Wenn Sie mit dem Ergebnis zufrieden sind, den überschüssigen Stoff oben und unten wegschneiden. Den Stoff vom Rahmen nehmen und die Falten rund um die Ober- und Unterkante heften.

Selbst wenn Ihre Lampe nicht als Arbeitsbeleuchtung gedacht ist, sondern eher als atmosphäreschaffende Illumination, sollten Sie einen leichten Stoff wählen, der sich gut kräuseln oder in Falten legen läßt.

6. Aus den Schrägstreifen einen Paspel anfertigen. Die langen Kanten auf die linke Seite kippen, so daß sie sich in der Mitte treffen (siehe S. 57, Schritt 5), flach bügeln. Je einen Paspel an der Ober- und Unterkante des Lampenschirms anstecken und heften.

7. Wo sich die Enden der beiden Paspel treffen, das eine Ende jeweils 6 mm einschlagen und etwa 9 mm über das andere schieben. Die Paspel mit Saumstich an der Ober- und Unterkante annähen, sehr dicht an der Kante einstechen.

8. Den fertigen Bezug über den Rahmen ziehen und an ein paar Stellen mit etwas Klebstoff befestigen.

EIN GESMOKTES KISSEN NÄHEN

Das Smoken hat sich aus einer dekorativen Nähtechnik entwickelt, die dazu diente, den Stoff eines Gewandes zu formen und in regelmäßige Falten zu legen. Am bekanntesten für gesmokte Dekorationen sind die traditionellen, losen Hemden, die englische Landarbeiter bereits im fünften Jahrhundert trugen.

Von der angelsächsischen Bezeichnung »smock« (Arbeitskittel) wurde dann die Bezeichnung »smoken« für die Technik abgeleitet, mit der man den Kittel formte und verzierte. Im Laufe der Jahrhunderte wurde diese Technik immer mehr verfeinert, bis man zu Beginn des neunzehnten Jahrhunderts von der Art des Smokens den Beruf seines Inhabers ablesen konnte. Bäume und Blätter ließen auf einen Waldarbeiter schließen, Räder auf einen Stellmacher und der Krummstab auf einen Schäfer.

Heutzutage wird fast nur noch Baby- und Kinderkleidung gesmokt. In vereinfachter und gröberer Form wird das Smoken auch bei gewöhnlichen Zierkissen angewendet, die dadurch eine ungewöhnliche, reiche Oberflächenstruktur

bekommen. Für unser Beispiel haben wir einen Stoff mit großem Karomuster gewählt, das nicht nur dem graphischen Effekt des »Jumbo«-Smokens zustatten kommt, sondern gleichzeitig die Markierungen für die Stiche liefert. Allerdings muß das Karomuster eingewebt sein, denn ein Druckmuster folgt nicht immer exakt dem Fadenlauf, was beim Smoken unerläßlich ist. Auf einem einfarbigen Stoff würde das Gesmokte noch deutlicher herauskommen, aber ohne Karomuster müßte man die Stiche auf der Rückseite markieren.

Kleine, unauffällige Muster können mit einer gesmokten Dekoration auch sehr hübsch aussehen, aber komplexe, vielfarbige Muster wären ungeeignet, sie sind so dominierend, daß das Gesmokte nicht zur Geltung kommen würde.

Es gibt auch gesmokte Dekorationen für Kissenbezüge, die sehr leicht zu arbeiten sind. Man könnte zum Beispiel einen gesmokten Streifen in der Mitte des Bezuges einsetzen oder nur die Einfassung smoken, die separat gearbeitet und an den fertigen Bezug genäht wird.

ARBEITSMATERIAL

Karostoff mit Webmuster
Passendes Nähgarn
Ungezwirntes Stickgarn
Reißverschluß
Kissenfüllung

1. Zuerst wird der Stoff gesmokt. Durch das Smoken schrumpfen die Maße des Stoffes für die Kissenplatte. Der Abstand der Stiche richtet sich nach dem Charakter des Stoffes, daher muß man zuerst ein Stück Stoff zur Probe smoken und die

Größe des gesmokten Stückes mit der des ungesmokten Stückes vergleichen. Man muß wissen, daß das gesmokte Stück sich ein wenig ausdehnt, wenn man nach dem Smoken die Kräuselfäden herausnimmt (Schritt 6). Beim Zuschneiden einer Kissenplatte rundherum 4 cm für einen glatten Rand zugeben plus 12 mm für Nähte.

2. Mit Nähgarn die Kräuselfäden entlang der farbigen Streifen quer durch den Stoff ziehen. Jeden Kräuselfaden am Anfang mit einem Knoten befestigen und die Nadel nur an den Ecken der Karos einstechen. Die Stiche müssen bei jeder Reihe an der gleichen Stelle gemacht werden,

so daß – wenn das Stück Stoff fertig gekräuselt ist – sich Falten der gleichen Farbe vorwölben. Am Ende jeder Reihe ein paar Zentimeter Faden lose hängen lassen. Keinen Knoten machen.

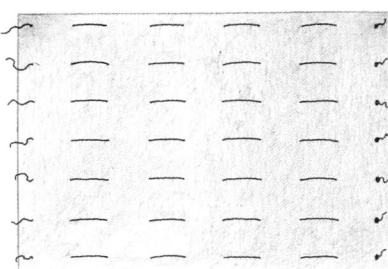

3. Wenn alle Fäden eingezogen sind, die Enden zusammenfassen und den Stoff vorsichtig zusammenschieben, so daß sich dicht nebeneinander parallele, vorgewölbte Falten bilden. Den Stoff in die Länge ziehen.

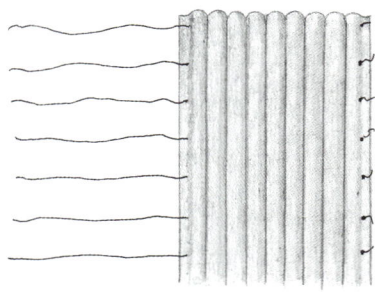

4. Danach den Stoff wieder auseinanderziehen, so daß das Stück ein wenig kleiner ist als der geplante fertige Kissenbezug und die Krauselfäden wieder zu sehen sind. Der abgebildete Kissenbezug ist sehr lose gesmokt – gerade genug, um Elemente des Karomusters zu einem neuen Muster zusammenzuziehen. Wenn Sie einen ähnlichen Effekt anstreben, dürfen Sie die Kräuselfäden nicht so dicht zusammenziehen. Knoten Sie jeweils zwei Fäden am offenen Ende zusammen und halten Sie sie fest, während Sie die Stiche machen.

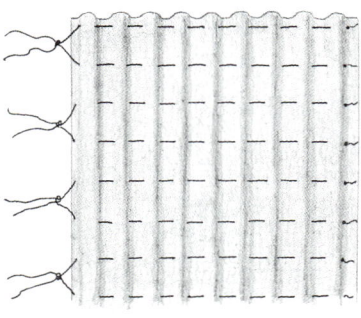

5. Der Smokstich, der hier verwendet wurde, ist der »Honigwabenstich«. Ungezwirntes Baumwoll-Stickgarn einfädeln. Am besten zwei Stränge, falls sie sich leicht durch den Stoff ziehen lassen – sonst reicht auch einer. Die Nadel links oben bei der ersten Falte von hinten nach vorn durchstechen, über die zweite Falte führen, einstechen und bis zur linken Seite der ersten Falte führen und direkt unter den ersten Ausstichpunkt ausstechen. Direkt unter dem ersten Stich einen zweiten machen – jetzt haben Sie einen Stich direkt über dem ersten Kräuselfaden und einen direkt unter dem Kräuselfaden gemacht. Nun die Nadel auf der Rückseite des Stoffes nach unten führen, bis zum nächsten Kräuselfaden, und auf der linken Seite der zweiten Falte ausstechen. Zwei Stiche über die zweite und dritte Falte machen. Den Faden wieder nach oben bis zum ersten Kräuselfaden führen und zwei Stiche über die dritte und vierte Falte machen. Die Prozedur fortsetzen, jeweils zwei Faltenreihen durchstechen, bis die ganze Fläche gesmokt ist.

Das karierte Webmuster des Stoffes liefert die Einstichlinien für die Smokarbeit.

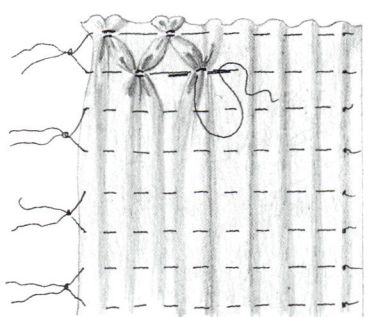

6. Die Kräuselfäden herausziehen und die ganze, gesmokte Fläche vorsichtig auseinanderziehen, bis sie die gewünschte Breite hat. Die Falten dicht an der Außenkante flachstechen.

7. Für die Rückseite des Kissens zwei Stücke Stoff in der Breite des fertigen Kissens plus 2,5 cm Nahtzugabe und der halben Höhe plus 4 cm schneiden. Die beiden Hälften mit einer Nahtzugabe von 2,5 cm aneinandersteppen. Die Mitte der Naht für den Reißverschluß offenlassen. Den Reißverschluß einsetzen.

8. Den Reißverschluß offenlassen, das Vorderteil auf das Rückenteil legen, rechts auf rechts. Mit einer Nahtzugabe von 1,2 cm rundherum aneinandersteppen.

9. Die rechte Seite nach außen drehen. Den Reißverschluß schließen. Entlang der Außenkante eine zweite Naht, dicht neben dem Gesmokten, steppen. Den Reißverschluß öffnen und das Polster in den gesmokten Bezug schieben.

FERTIGE KISSEN DEKORIEREN

Auch wenn Sie Ihre Kissenbezüge nicht selbst nähen möchten, könnten Sie fertig gekauften Bezügen eine persönliche Note geben.

Eine Möglichkeit wäre zum Beispiel, interessante Garnierungen anzubringen und eine dicke Kordel in der Farbe des Bezuges oder in einer kontrastierenden Farbe rund um den Bezug zu anzunähen. Sehr ausdrucksvoll sind auch große Quasten an allen vier Ecken. Oder Sie verteilen kleine, bunte Quasten über den ganzen Bezug oder auch kleine Faserbündel, wie man sie von Matratzen kennt. Sie könnten auch rund um alle Kanten eine Fransenborte annähen. Breite Seiden-, Samt- oder Ripsbänder sehen sehr hübsch aus, wenn man sie in mehreren, überlappenden Reihen anbringt. Sie können auch Litze oder Gimpe nehmen oder eine golddurchwirkte, opulente Quastenborte. Auch kleine Untersetzer oder Taschentücher aus Spitze, von Hand aufgenäht, wären eine hübsche Idee. Ebenso Tablettdeckchen oder Sofaschoner – für größere Kissen.

Wenn Sie ein paar alten Kissen einen völlig neuen Look geben wollen, genügt es, Bezüge zum Anbinden zu arbeiten, die ganz einfach zu nähen sind. Es gibt zwei Möglichkeiten. Die erste: Sie schneiden zwei Stücke Stoff, die etwas größer sind als das Polster und säumen sie. Dann binden Sie sie mit Stoffstreifen zusammen, die an den Ecken und in der Mitte jeder Seite angenäht werden. Das gleiche geht auch mit Kordeln oder Bändern. Wenn Sie etwas ehrgeiziger sind, schneiden Sie zwei Stücke Stoff, etwas größer als das Kissen, und nähen Knopflöcher in die Kanten des einen und Knöpfe auf die Kanten des anderen. Für quadratische Kissen gibt es noch eine andere Möglichkeit, einen Bezug zum Anbinden zu arbeiten: Ein Stück Stoff schneiden, dessen Seiten doppelt so lang sind wie Ihr Kissen (plus Nahtzugabe). Den Stoff säumen und Bänder an alle vier Ecken annähen. Den Stoff flach hinlegen, die rechte Seite nach unten. Das Kissen so darauf legen, daß die Ecken zur Mitte der Seiten zeigen. Die Stoffecken über das Kissen schlagen und zusammenbinden – wie einen Briefumschlag.

Diese dekorativen Kissen, die durch ihre satten Farben und ihre Texturen miteinander verwandt sind, erhielten Garnierungen, die dem Stil des Stoffes entsprechen: mehrfarbige Quastenbüschel auf einfarbigem Samt, eine Einfassung aus einfacher Borte um ein verschlungenes Tapisseriemuster, und mehrere Reihen winziger Kaurimuscheln, die die applizierten, exotisch-geometrischen Motive wirkungsvoll rahmen.

TISCHDECKEN

Tischdecken werden häufig als waschbare Schutzschicht betrachtet, die man nur zu den Malzeiten aus dem Schrank holt. Aber in Wirklichkeit bieten Tische aller Stilarten eine ideale Fläche, um alle möglichen schönen Textilien zur Schau zu stellen. Ein Stoff in satten, warmen Farben, der in weiche Falten fällt, trägt natürlich viel mehr zur Behaglichkeit eines Raumes bei als eine harte, glänzende Oberfläche. Und außerdem ist eine Tischdecke eine elegante Verkleidung für Tische, die im Laufe der Zeit abgenutzt oder unansehnlich geworden sind.

Auch kleine Teppiche lassen sich als dekorative Tischdecken verwenden. Dieser Brauch beruht auf einer alten Tradition. Im Mittelalter, als man begann, Orientteppiche ins westliche Europa einzuführen, breitete man sie gewöhnlich über die Tische, weil man sie für viel zu kostbar hielt, um sie auf den Boden zu legen. Die Bezeichnung »Tischteppich« wurde noch eine Zeitlang für alle Gewebe verwendet, die als Tischdecken benutzt wurden – kleine Teppiche, die man auf den Boden legte, nannte man »Fußteppiche«.

Im sechzehnten Jahrhundert wurden noch in vielen Gegenden Teppiche als Tischverkleidungen verwendet. In Belgien und Holland werden noch heute orientalisch anmutende Tischteppiche mit weichem Flor hergestellt und benutzt. Eine ähnliche Wirkung läßt sich mit einem alten oder modernen, kurzflorigen Teppich, zum Beispiel einem Kelim oder einem Dhurry erzielen; wichtig ist, das man ein Exemplar findet, das dünn und schmiegsam ist und einen eleganten Fall hat.

Auch mit einer Wolldecke, vielleicht mit eingewebtem Karomuster, oder mit einem alten Quilt, ob einfarbig, gemustert oder aus Patchwork, läßt sich dieser weich texturierte Look erreichen. Für einen kleinen Tisch könnten Sie sich nach einem gestickten Seidenschal umsehen oder einem Tuch aus leichter Wolle mit Paisley-Muster, wie auf unserer Abbildung. Wenn Sie einen gewöhnlichen Tisch in einen hübschen Frisiertisch umwandeln wollen, drapieren Sie einfach ein Stück weichen Musselin oder gemusterten Chintz darüber. Eine nach Maß geschnittene Glasplatte mit Kantenschliff ist ein guter Schutz für empfindliche oder antike Textilien.

EIN ÜBERWURF FÜR SOFAS UND STÜHLE

Ob Ihr Ausstattungsstil traditionell, exotisch oder sachlich und modern ist, mit lose drapierten Überwürfen lassen sich Sofas und Stühle im Handumdrehen in hochdramatische Blickpunkte verwandeln. Am besten eignen sich besonders schwere Textilien, die einen guten Fall haben, zum Beispiel ein Quilt, eine Decke, ein Bettüberwurf oder ein paar Meter Stoff. Ein Quilt oder ein karierter Stoff betonen den Country Look, schweres Leinen oder Baumwollkanevas oder eine einfarbige Wolldecke passen in ein minimalistisches Konzept. Ein großzügiger Überwurf mit Paisley-Muster oder ein weicher Teppich wirken grandios. Man könnte die Überwürfe auch je nach Saison wechseln – dunkle, satte Farben für den Winter und frische, helle Farben für sonnige Sommertage nehmen.

Wichtig ist, daß die Überwürfe mehr als reichlich bemessen sind und die Sofas oder Stühle vollständig bedecken, damit nicht bei jeder Bewegung große Teile der Armlehnen oder Sitzflächen zum Vorschein kommen. Man kann die Überwürfe diskret irgendwo verankern, sie vielleicht an einer Ecke festbinden – aber feststecken oder annähen sollte man sie nicht, durch die Spannung könnten sie zu leicht reißen. Außerdem trägt die lockere, leicht derangierte Drapierung erheblich zum Charme eines Überwurfs bei.

Wenn Sie diese Idee nicht in Bausch und Bogen übernehmen möchten, ändern Sie sie ein wenig ab: Arbeiten Sie für Ihre Polstermöbel konventionelle, lose oder maßgeschneiderte, einfarbige Bezüge in neutralen Farben und drapieren Sie darüber Überwürfe in satten, warmen Farben. Dafür geeignet wären kleinere Decken, Quilts, Picknickmatten in Tartanmustern, Seiden- oder Wolltücher oder lange Schals.

RAFFHALTER

Raffhalter für Vorhänge sind praktisch und dekorativ zugleich. Sie halten die gerafften Vorhänge zurück, damit ein Maximum an Licht in den Raum dringen kann, und wirken gleichzeitig äußerst dekorativ. Mit Raffhaltern lassen sich die verschiedensten Effekte erzielen, je nachdem an welcher Stelle man sie anbringt. Häufig sind sie so dekorativ gestaltet, daß sie ihre eigene Wirkung entfalten. Traditionelle Raffhalter sind aus dicker Kordel, mit oder ohne Quasten. Doch wenn man die Phantasie bemüht, sind die Gestaltungsmöglichkeiten fast unbegrenzt.

Als wir die Materialien für unsere Raffhalter zusammenstellten, haben wir uns in einer ländlichen Sattlerwerkstatt umgesehen und haben Ledergurte, Messingbeschläge und Seilgurte gefunden, die man auf vielerlei Art und Weise zusammenstellen kann. Auch die Sattlerkunst Arabiens und Indiens ist eine reiche Inspirationsquelle; in Indien und den arabischen Ländern werden Kamele und Pferde mit Tapisserien und anderen schönen Textilien geschmückt, die Sie vielleicht, wenn Sie Glück haben, in einem Antiquitätengeschäft oder auf einem Flohmarkt entdecken können. Einen exotischen Touch bekommen Ihre Raffhalter, wenn Sie sie mit Perlen oder Glöckchen aus Afrika oder Indien schmücken, die Sie während eines Urlaubs oder in einem Spezialgeschäft entdeckt haben. Hübsch wäre auch eine indische Stickerei oder ein mit kleinen Spiegeln besetzter, breiter Gurt, der mit Haken zusammengehalten wird. Oder befestigen Sie einen hübschen Seidenschal mit einem Knoten an Ringen, die an der Wand festgemacht sind. Nehmen Sie dickes Tapisseriegarn und flechten Sie Raffhalter aus drei doppelten Docken. Vorhänge aus leichten Stoffen sehen bezaubernd aus, wenn man sie mit Spitzen- oder Seidenborten oder gestickten Bändern zurückbindet.

Phantasievoll gestaltete, vielfarbige Raffhalter wirken am besten in Verbindung mit einfarbigen Vorhängen – kombiniert man sie mit einem lebhaften Muster, würde ihre Wirkung verpuffen. Wenn Sie sich für die Form entschieden haben, probieren Sie verschiedene Effekte aus. Halten Sie die Raffhalter höher und tiefer und beobachten Sie, welche Wirkung das auf den Fall der Vorhänge hat. Experimentieren Sie mit der Art der Raffung – von einem weichen, üppigen Bogen bis zu einem gestrafften, strengen Bogen – indem sie mehr oder weniger Stoff aus dem Raffhalter herausziehen.

LINKS OBEN: Dieser kompakte Raffhalter wurde von einem Dorfsattler angefertigt – eine ähnliche Wirkung könnte man mit einem schweren Ledergürtel aus glattem oder geflochtenem Material erzielen.

OBEN RECHTS: Perlenstränge, wie sie die afrikanische oder indische Volkskunst liefert, lassen sich gut als Raffhalter verwenden. Wenn die Stofffülle zu üppig ist, bindet man die Vorhänge mit gedrehten Bast- oder Baumwollkordeln zurück und hängt die Perlenschnüre als Verzierung an.

UNTEN LINKS: Aus indischen Stickereien in ausdrucksvollen Farben lassen sich ausgefallene Raffhalter gestalten; das hier abgebildete Exemplar ist mit winzigen Spiegeln bestückt, andere typische Beispiele sind mit Stickereispitze oder Applikationen verziert.

UNTEN RECHTS: Hier wird der Vorhang von einem quastenverzierten, türkischen Sattelgurt mit Flammenstichmuster gehalten; seine Farben spiegeln die Farben des Vorhangstoffes wieder.

Bei diesem vorwiegend viktorianischen Ausstattungskonzept wurde der Kaminsims mit einem Chintzvolant verkleidet. Er ist charakteristisch für diese Epoche und wurde exakt auf die Vorhänge abgestimmt – selbst die dreifarbige Quastenborte durfte nicht fehlen.

Die graphische Linienführung der Zinnenkante der Schabracke wird durch eine kontrastierende Borte betont, die sich auf den bodenlangen Vorhängen wiederholt. Damit die Dekoration nicht überladen wirkt, wurden die Raffhalter schlicht gehalten.

GEGENÜBERLIEGENDE SEITE: Man braucht Phantasie, um geometrische und florale Muster zu kombinieren. Für die Polsterung des Sofas wurden ein locker hingepinseltes, malerisches Blütenmuster und Markisenstreifen zu einem patchworkartigen Effekt zusammengesetzt. Die Kissen unterstreichen den Mix-and-match-Look: Hier wurde ein kleinteiliges, florales Muster mit den gelben und grünen Streifenmustern der Polsterung und einem anderen, einfacheren Streifenmuster kombiniert.

OBEN: Für Fenster, die ungünstig in einer Nische plaziert sind, ist ein einteiliger Vorhang häufig die beste Lösung. Der Vorhang wird gekräuselt oder in Falten gelegt, bis er die Nische ausfüllt. Am Tage kann man ihn mit einem traditionellen Raffhalter zur Seite binden oder über einen Raffarm aus Messing legen.

RECHTS: Dieses elegante Interieur in Manhattan ist mit bodenlangen, weich fallenden Vorhängen aus genopptem Stoff in einem neutralen Farbton ausgestattet. Die Zickzack-Kante der stoffbezogenen Schabracke ist mit einer beige/weißen Borte eingefaßt und mit lustigen Harlekinglöckchen verziert.

Speisezimmer

Der Ort, an dem Familienmitglieder und Freunde zusammenkommen, um am Essen, am Wein und an der Unterhaltung teilzuhaben, muß im sozialen Leben des Heims eine wichtige Rolle spielen, ob es sich dabei um einen separaten Raum, eine Ecke des Wohnzimmers oder die Küche handelt. Und daran hat sich seit Ende des siebzehnten Jahrhunderts nichts geändert. Bis dahin hatte es sich in aristokratischen Kreisen mehr und mehr eingebürgert, daß man die Mahlzeiten nicht mehr in der riesigen Halle einnahm, zusammen mit den Dienstboten und den Lehnsleuten, sondern in einem kleineren, intimeren Vorzimmer. In diesem Raum zu essen war viel angenehmer und praktischer als in der Halle: In der Mitte des Raumes stand ein runder oder ovaler Tisch, um den sich die Bediensteten schneller und leichter bewegen konnten, eine Garnitur Stühle und ein Sideboard, das zur Aufbewahrung von Geschirr und zum Servieren diente. Seit damals haben sich die Funktionen und die Einrichtung des Speisezimmers kaum verändert. Mit etwas Nachdenken und Mühe können Sie der Umgebung, in der Sie Ihre Mahlzeiten einnehmen, dieses gewisse Etwas an Stil und Behaglichkeit zurückgeben, das heutige Teilnehmer am Essen veranlaßt, noch lange, nachdem die Teller abgeräumt sind, am Tisch sitzen zu bleiben und sich zu unterhalten.

Das Speisezimmer verdankt seine erfrischende Atmosphäre den weißen Leinenvorhängen und den weiß getünchten Wänden, den cremefarbenen Stühlen und den Farbtupfern in frischen Grün- und Blaunuancen. Aus der Kombination zeitgenössischer und traditioneller Elemente ergibt sich ein anheimelndes und zugleich modernes Ambiente. Der Spiegel mit dem antikisierten Goldrah-

men reflektiert die lichte Aussicht, und das Malachitgrün der Kommode stellt eine Verbindung zum Grün des Gartens her.
Der neutrale Bodenbelag aus Kokosfasern, das großformatige, florale Muster der Stuhlbezüge, das farbige Glas und die karierte Tischdecke lockern die Atmosphäre des sonst recht konventionellen Raumes auf.

Ein separates Speisezimmer bietet einzigartige Gestaltungsmöglichkeiten; solange sich der Raum in Erscheinung und Funktion den verschiedensten Mahlzeiten, vom eiligen Frühstück und informellen Lunch bis zum besonderen Ereignis, zum Beispiel dem Weihnachtsessen, anpassen kann, können Sie mit fast jedem Farbkonzept oder jedem Dekorationsstil experimentieren. Weil man im Speisezimmer vergleichsweise wenig Zeit verbringt, funktionieren kühne Farben und dramatische Effekte, die in einem Wohnzimmer oder einer Küche zu dominierend wirken würden, hier meist besonders gut. Was die Ausstattung mit Textilien betrifft, gilt es, ein großes Potential zu bewerten, nicht nur die Raumtextilien, die Vorhänge und die Bezüge von Polstermöbeln, sondern auch die Textilien, die zur Tafel gehören. Die von Ihnen ausgewählte Tischwäsche – Tischdecken, Platzdeckchen, Servietten und der dazugehörige Dekor – kann das Aussehen des Raumes und die Atmosphäre der jeweiligen Veranstaltung völlig verändern.

Für unser geräumiges Speisezimmer haben wir ein Konzept entworfen, das von schwedischen Interieurs inspiriert wurde: blasse Farben und eine Mischung von konventionellen, zurückhaltenden Möbeln und frischen, hellen Stoffen. Kühle, weiße Wände, ein neutraler Bodenbelag aus Kokosfasern und einfache Blumen- und Früchtearrangements auf dem Tisch und dem Sideboard verbreiten eine ländliche Atmosphäre. Auch die Grünpflanzen im Freien, die durch die hohen, französischen Fenster in die Raumdekoration einbezogen werden, tragen selbst im Winter zum rustikalen Charme des Hauses bei.

Mit genau den gleichen Elementen läßt sich auch der behaglich opulente Look kreieren, der so typisch für die Häuser der viktorianischen Epoche ist. Wenn Ihnen dieses Konzept zusagt, wählen Sie statt der kahlen Wände eine reich gemusterte Tapete und wählen Sie Vorhänge in sattem Karmesinrot oder dunklem Grün. Anstelle mit Stoffbordüren garnieren Sie den integrierten Querbehang mit einer schweren Fransen- oder Quastenborte. Auf den Stühlen ersetzen Sie die losen Bezüge mit Kellerfalten durch feste Bezüge, die mit Tresse oder Goldfransen abgesetzt werden. Zum Schluß decken Sie den Tisch, inklusive Servietten, mit schneeweißem Damast und um die Servietten binden Sie ein Samtband.

VORHÄNGE MIT INTEGRIERTEM QUERBEHANG NÄHEN

Wenn Ihre Vorhänge an einer Holz- oder Messingstange hängen, wirkt ein graziöser, integrierter Querbehang besonders apart. Er schmeichelt jedem Fenster, von den kleinen, tief in eine dicke Cottagewand eingeschnittenen Festern bis zu den hohen Erkerfenstern eines viktorianischen Stadthauses. Und da der angeschnittene Querbehang mit dem Vorhang zusammen zur Seite gezogen wird, läßt er mehr Licht in den Raum als ein separater Querbehang.

Die Länge eines konventionellen Querbehangs beträgt gewöhnlich ein Fünftel bis ein Viertel der Vorhanglänge – aber man muß sich nicht sklavisch an diese Regel halten. Den Querbehang kann man auf verschiedene Art und Weise arbeiten. Sehr einfach ist die folgende Methode: Man schneidet und näht ihn separat wie einen Minivorhang zu und hängt ihn an die gleichen Gardinenringe wie die Seitenschals (hier handelt es sich nur scheinbar um einen angearbeiteten Querbehang). Ein integrierter Querbehang kann aus dem gleichen Stoff sein wie die Vorhänge, man kann ihn aber auch aus einem auf den Vorhang abgestimmten oder aus einem kontrastierenden Stoff arbeiten. Noch einfacher ist eine weitere Methode, die aber nur möglich ist, wenn der Vorhangstoff auf beiden Seiten identisch ist, wie die meisten Webmuster und Unistoffe, Tartans und Flanellstoffe. In diesem Fall befestigt man das Faltenband etwas weiter unterhalb der Oberkante des unfertigen Vorhangs, so daß der

überschüssige Stoff nach vorn kippt. Die Schnittkanten werden nach innen gekippt, versäubert und mit einer Fransenborte oder Bordüre garniert.

Eine sehr hübsche Variante dieser einfachen Konstruktion ist ein durchsichtiger Vorhang, an dem es fast nichts zu nähen gibt: Er besteht aus einer Tischdecke oder einer Bettdecke aus Baumwoll- oder Leinenspitze, die an sonnigen Tagen delikate Lichtmuster in den Raum wirft. Messen Sie Ihr Fenster aus und fahnden Sie nach einem Stück Spitze, das länger ist als die Höhe Ihres Fensters und 1½mal so breit. Die Kanten und Säume sind bereits fertig – Sie müssen nur noch das Faltenband anbringen. Die Tiefe des Querbehangs variiert natürlich, und weniger als 15 cm würde wahrscheinlich armselig wirken. (Es gibt eine noch leichtere Variante eines Vorhangs mit angearbeitetem Querbehang, bei dem man nicht einen einzigen Stich machen muß. (Siehe Abbildung auf S. 86.)

Die Vorhänge mit angearbeitetem Querbehang in unserem Speisezimmer sind gefüttert und haben handgearbeitete Dreifachfalten. Diese Faltentechnik eignet sich nur für sehr leichte Stoffe wie Seide oder locker gewebtes Leinen, denn bei Schritt 8 muß man durch mehrere Stofflagen stechen. Der angearbeitete Querbehang ist mit dem gleichen kontrastierenden Stoff eingefaßt, der für die Tischdecke verwendet wurde.

ARBEITSMATERIAL

Vorhangstoff
Futterstoff
Stoff für die Einfassung
Passendes Nähgarn
Steifleinen

MASSNEHMEN

Zuerst wird die Länge der Schiene oder der Vorhangstange und die Länge des Vorhangs (er soll am Boden schleifen) gemessen.

Der Vorhangstoff
Für großzügig bemessene Falten braucht man, um sicher zu gehen, die dreifache Breite des fertigen Vorhangs. Wählen Sie einen Stoff, dessen volle Breite genutzt werden kann, um auf die erforderliche Breite für den Vorhang zu kommen. Das

heißt, Sie müssen bei der Kalkulation der Zwischenräume zwischen den Falten und der Faltentiefe flexibel sein, damit Sie zwei oder mehr volle Stoffbreiten verarbeiten können ohne etwas abschneiden zu müssen. (Wenn Sie für Ihr Fenster drei Stoffbreiten für zwei Seitenschals brauchen, nähen Sie alle drei Bahnen aneinander und teilen Sie sie in der Mitte, damit der Musteranschluß stimmt, wenn die Vorhänge zugezogen sind.) Rechnen Sie die erforderliche Stoffmenge für jeden Vorhang einzeln aus, bevor Sie den Gesamtbedarf errechnen.

Die Breite

Als Beispiel wurde hier für den Zwischenraum zwischen den Dreifachfalten 15 cm berechnet und 18 cm für jede Dreifachfalte – das sind durchschnittliche Maße für diese Vorhanggröße. Das bedeutet, daß Sie für 45 cm Schiene 81 cm Stoff benötigen (zwei Falten und drei Zwischenräume) plus 4 cm für einen Saum an jeder Seite und 2,5 cm (oder ein Musterrapport) für jede Naht, mit der Stoffbreiten aneinandergenäht werden müssen. Berechnen Sie die für Ihr Fenster zutreffenden Maße. Am besten machen Sie sich eine Zeichnung mit den dazugehörigen Maßen (siehe unten).

Die Maße der Dreifachfalten hängen möglicherweise auch von Ihrem Muster ab, besonders bei Streifenmustern. In diesem Fall würden die Streifen die Tiefe der Falten bestimmen. Bei jeder Stoff-

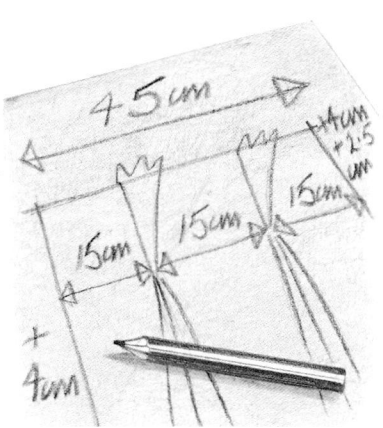

breite (und Futterbreite) geben Sie zu der Gesamtlänge 2,5 cm an der Oberkante und wenigstens 10 cm an der Unterkante für Säume zu. Wenn Sie ganz sicher gehen wollen, geben Sie außerdem noch 20

cm für Säume an der Ober- und Unterkante zu, falls die Wände oder der Boden schief sind.

Der integrierte Querbehang

Auch für den integrierten Querbehang benötigen Sie Stoff. Passend für die hohen Fenster wurde der Querbehang 40 cm lang gearbeitet: Dem Vorhangstoff wird eine Länge von 40 cm hinzugerechnet. Eine Saumzugabe ist nicht nötig, weil der Querbehang mit einem kontrastierenden Stoffstreifen eingefaßt wird. Diese 40 cm müssen Sie mit der Anzahl der Stoffbreiten multiplizieren, das ergibt den Stoffbedarf für den Querbehang. Addieren Sie das zu der Stofflänge, die Sie für den Vorhang brauchen.

Das Futter

Die Bahnen für das Futter müssen genauso breit sein wie die Vorhangbahnen, inklusive Falten und Zwischenräume, aber ohne die Zugabe für die seitlichen Säume. Geben Sie zur Länge jeder Bahn 10 cm für den oberen und den unteren Saum zu. Für den Querbehang brauchen Sie genauso viel Futterstoff wie Oberstoff – ohne Zugabe für die seitlichen Säume.

Die kontrastierende Einfassung

Für die Einfassung ist die gleiche Anzahl Stoffbreiten erforderlich wie für den Hauptstoff (falls der Stoff für die Einfassung die gleiche Breite hat). Unsere Einfassung sollte 5 cm breit sein (der Rapport war ebenfalls 5 cm). Für die 5 cm breite Einfassung muß man noch einmal 5 cm für die Rückseite zugeben plus 2 mal 2,5 cm für den Saum – das macht zusammen 15 cm. Wenn Sie für jeden Vorhang zwei Stoffbreiten brauchen und insgesamt zwei Vorhänge nähen, brauchen Sie 2 × 2 × 15 cm = 60 cm von dem kontrastierenden Stoff für die Einfassung.

Das Steifleinen

Für jeden Vorhang brauchen Sie einen 10 cm breiten Streifen für die gesamte Breite des fertigen Vorhangs.

DIE VORHÄNGE NÄHEN

1. Von Oberstoff und Futterstoff die Anzahl der Bahnen für die Vorhänge und Querbehänge schneiden. Beginnen Sie damit, die erforderlichen Stoffbreiten für jeden Vorhang und für das Futter aneinanderzunähen. Nähen Sie auch die Stoffbreiten für die Querbehänge aneinander und legen Sie sie beiseite.

2. *Der unfertige Vorhang:* An den Seiten je 4 cm und an der Unterkante 10 cm nach innen kippen. Mit Fallstich befestigen,

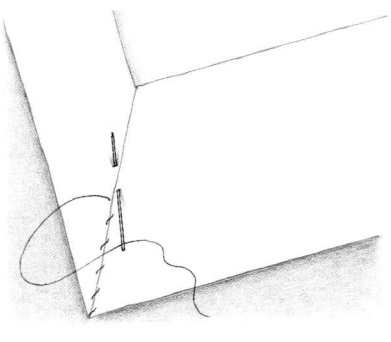

die Ecken auf Gehrung arbeiten (siehe S. 17).

Das Vorhangfutter: Das unfertige Futter ist 5 cm schmäler als der unfertige Vorhang. An der Unterkante einen Doppelsaum von 5 cm umkippen und mit der Maschine steppen. An den Seiten je einen Saum von 2,5 cm umkippen. Das Futter mit Fallstich an den Oberstoff nähen, 5 cm oberhalb der Unterkante, links auf links. Die Länge des fertigen Vorhangs messen, 2,5 cm für den Saum zugeben. Überschüssigen Stoff an der Oberkante abschneiden.

3. *Der Querbehang:* Oberstoff und Futter messen und genauso breit schneiden wie den Vorhang, bevor die Falten gelegt sind. Oberstoff und Futter an den Seiten noch nicht aneinandernähen. Die Stoffstreifen für die Einfassung schneiden und aneinandernähen. Den Streifen der Länge nach in der Mitte knicken, links auf links. Bügeln. Auseinanderfalten und den Streifen an der Unterkante des Querbehangs anlegen, rechts auf rechts. Mit einer Nahtzugabe von 2,5 cm ansteppen. Die Naht auseinanderbügeln. An den Seitenkanten von Oberstoff und Einfassung je 4 cm umkippen, bügeln. Die Hälfte der

Einfassung auf die linke Seite kippen, die Ecken abschrägen. Die unversäuberten Kanten 2,5 cm nach innen kippen, bügeln.

Den Querbehang füttern: Das Futter an den Seiten und an der Unterkante je 2,5 cm umkippen. Das Futter und den Oberstoff des Querbehangs aufeinanderlegen, links auf links. Die flach gebügelte Kante der Einfassung über die Unterkante des Futters legen. Das Futter an den Seiten und entlang der Kante der Einfassung mit Fallstich an den Oberstoff annähen. Die Höhe des fertigen Querbehangs plus 2,5 cm Saumzugabe für die Oberkante abmessen. Den überschüssigen Stoff an der unversäuberten Oberkante abschneiden.

4. *Den Vorhang und den Querbehang aneinandernähen:* Die rechte Seite der unversäuberten Oberkante des Querbehangs auf die linke Seite der unversäuberten Oberkante des Vorhangs legen und mit der Maschine ansteppen.

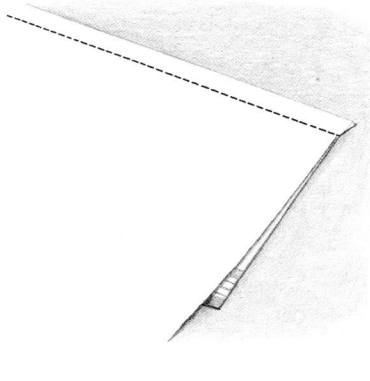

5. Die Naht auseinanderbügeln. Den Querbehang entlang der Naht auf die rechte Seite des Vorhangs kippen. Das Zwischenfutter unter dem Querbehang entlang der Naht auf den Vorhang stecken. Anbügeln.

6. Die Seitenkanten des Vorhangs mit Fallstich am Querbehang befestigen, von der Oberkante bis zur Unterkante des Steifleinens, damit das Steifleinen an den Seiten nicht zu sehen ist.

7. *Falten:* Auf der Rückseite des Vorhangs die Falten markieren. Mit Schneiderkreide oder weichem Bleistift senkrechte Linien von der Oberkante nach unten ziehen. Die Linien so plazieren, daß der Abstand zwischen den Dreifachfalten mit der Kalkulation übereinstimmt und daß die Stoffbreite für die Tiefe der Falten ausreichend ist.

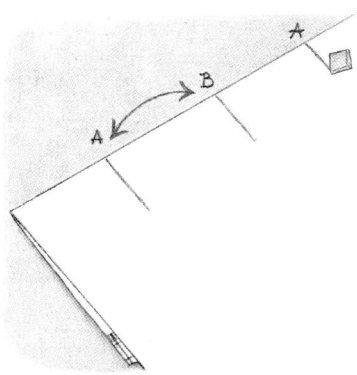

*Ein integrierter Querbehang ist eine er-
frischende, praktische Variante des traditionellen, separaten Querbehangs.
Hier wird der Mix aus formell und länd-
lich-frisch, der den schwedischen Stil
charakterisiert, durch die Kombination
penibler Dreifachfalten mit einer anspruchslosen Einfassung aus kariertem
Baumwollstoff gekonnt realisiert.*

8. Um die Falten zu legen, die mit A und
B markierten Linien (siehe umseitige Abbildung) übereinanderlegen und eine
senkrechte Naht von 10 cm, beginnend an
der Oberkante, auf den Linien steppen.
Wenn Ihre Maschine die vielen Stofflagen nicht bewältigen kann, müßten sie
diese Nähte von Hand steppen. Jede Falte in eine Dreifachfalte legen. Stecken.
Die Falten mit einer kurzen Steppnaht –
beginnend am Ende der senkrechten Maschinennaht, bis zum Faltenknick – mit
der Hand aneinandernähen.

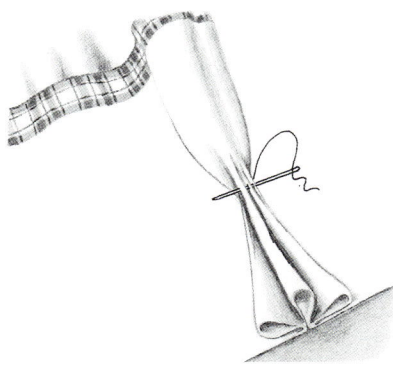

9. Auf der Rückseite des Vorhangs, am
unteren Ende jeder Falte, Haken durch
Futter und Steifleinen stecken.

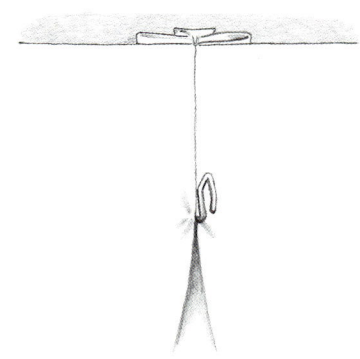

EINE TISCHDECKE MIT ZICKZACK-KANTE ARBEITEN

Fertige Tischdecken kann man zwar in allen nur erdenklichen Farben und Mustern kaufen, aber durch eine selbstgearbeitete Decke können Sie das Angebot fast bis ins Unendliche steigern. Dabei profitieren Sie nicht nur von dem Riesenangebot an Stoffen, sondern Sie bekommen auch eine Decke genau nach Ihren Maßen. (Für eine extrabreite Decke müssen Sie Bettwäschestoff verwenden.) Und außerdem können Sie die stilistischen Einzelheiten und die Garnierungen nach Ihrem Geschmack wählen. Eine originelle Bordüre sorgt für eine ausgefallene Note; wir haben uns bei unserer Musterdecke für eine Zickzack-Kante entschieden) aber ebenso attraktiv wäre eine weiche Bogenkante oder eine gesteppte, zinnenförmige Kante.

Unsere Tischdecke hat sehr wenig Arbeit gemacht, sie hat im Ganzen nur zwei Nähte. Der Stoff ist der gleiche, der für die Einfassung der Vorhänge verwendet wurde. Die Kante wurde einfach mit einer Zackenschere ausgeschnitten. Im allgemeinen franst die Kante nicht sehr stark, aber um vorzubeugen kann man sie mit einem Versteifer (für Rollos) besprühen. Wenn die Decke viel benutzt wird und häufig gewaschen werden muß, wäre es ratsam, rund um die Kante eine Maschinennaht zu steppen, wie unten beschrieben.

Dazu könnte man eine Garnitur Servietten nach dem gleichen Muster arbeiten, wobei die Zackenkante in der Proportion zur Größe passen muß.

Das Zackenmuster könnte man auch an anderer Stelle wiederholen, zum Beispiel an den Kanten von Vorhängen, Querbehängen, losen Polsterbezügen oder Lampenschirmen.

Es gibt noch viele einfache Möglichkeiten, Tischdecken interessanter zu gestalten: Mit einer Stoffbordüre oder mit passenden Posamenten wie Bändern, weißer Baumwollspitze oder einer Pomponbordüre. Die Dekoration der Servietten muß natürlich darauf abgestimmt werden. Achten Sie immer darauf, daß Sie nur Posamenten wählen, die maschinenwaschbar und vorbehandelt sind, damit sich die Kanten der Decken und Servietten nicht bei der ersten Berührung mit heißem Wasser kräuseln und sich verziehen. Vergewissern Sie sich auch, daß der Stoff Ihrer Tischdecke farbecht ist und Ihnen nicht die weiße oder helle Bordüre verfärbt.

ARBEITSMATERIAL

Stoff
Nähgarn oder Maschinenstickgarn
(siehe Schritt 4, Arbeitsanleitung)
Nähmaschine mit Zickzack- oder
Flachstich
Farbstift und Lineal
Scharfe Schneiderschere
Stickschere
Antifleckenspray

1. Wenn Sie Glück haben, finden Sie einen Stoff, der breit genug ist für Ihre Tischdecke. Sollten Sie Schwierigkeiten haben, kaufen Sie die doppelte Länge. Schneiden Sie den Stoff in zwei Hälften. Halbieren Sie eine der beiden Hälften der Länge nach; setzen Sie die beiden Stücke an den Längskanten der Stoffhälfte an. So läßt sich eine Naht in der Mitte des Tischtuchs vermeiden.

2. Mit einem scharfen Buntstift in einem Farbton, der dem des Stoffes ähnlich ist, die Zickzack-Kante markieren. Mit einer Rautenform an den Ecken beginnen. Ausrechnen, wie viele Dreiecke man an jeder Kante unterbringen kann. Um die ideale Größe der Dreiecke herauszufinden, die Zickzack-Kante in kleinerem Maßstab auf Millimeterpapier zeichnen. (Sie werden bemerken, daß je nach der Größe Ihres Tischtuchs, die Zacken auf den Schmalseiten entweder breiter oder schmaler als die übrigen sein müssen.)

3. Wer wenig Erfahrung mit Flachstichstickerei hat, übt am besten auf einem

Stück Stoff, denn die Stiche müssen glatt, flach und gleichmäßig sein. Die Maschine auf engen Zickzack-Stich stellen und entlang der noch ungeschnittenen Kanten eine Reihe Flachstiche sticken. Am Anfang und am Schluß eines jeden Nähvorganges ein paar Rückstiche mit normalem Stich machen. Möglicherweise muß man die Stichdichte an den Spitzen ändern, aber die Länge der Stiche sollte immer gleich bleiben.

4. Sollte der enge Zickzack-Stich zu stramm sein und die Maschine hemmen, auf einen lockereren Stich einstellen und über die erste Reihe eine zweite Reihe sticken. (Baumwollstickgarn geht leichter durch die Nadel und stickt sich leichter als Baumwollnähgarn. Außerdem ist

es nicht so fest gezwirnt und deckt den Stoff besser. Trotzdem sollte das Sticken auch mit Nähgarn möglich sein.)

5. Wenn die Stickerei beendet ist, den Stoff an den Kanten so dicht wie möglich an der Stickerei abschneiden. Die Kanten überprüfen, mit der Stickschere alle losen Fäden vorsichtig abschneiden.

6. Wenn der Stoff nicht leicht ausfranst, und wenn die Decke nicht allzuoft benutzt wird, kann man die Kante mit der Zickzackschere schneiden, so wie wir es bei unserem Beispiel getan haben.

7. Um die Decke fleckresistent zu machen, mit einem der bekannten Markensprays behandeln.

LOSE BEZÜGE FÜR STÜHLE NÄHEN

Die losen Bezüge, deren frühe Exemplare schlicht und simpel waren, sind im Laufe der Zeit immer anspruchsvoller geworden. Man schätzte sie nicht nur wegen ihrer Funktion, sondern auch wegen ihres Aussehens und entfernte sie nur bei ganz besonderen Gelegenheiten.

Lose Bezüge sind seit der Tudor-Zeit ein beliebtes Ausstattungselement. Besonders populär waren sie im achtzehnten und frühen neunzehnten Jahrhundert; damals bezeichnete man sie in England als Etuibezüge. Diese vielseitigen Ausstattungselemente, die gewöhnlich in frischen Karo- oder Streifenmustern aufgemacht wurden, dienten mehreren Zwecken: sie schützten kostbare Stoffe vor Staub und Verschleiß, verdeckten abgewetzte oder schmutzige Bezüge und ermöglichten eine schnelle und problemlose Änderung des Ausstattungskonzeptes.

Wie so viele Dekorationstricks sind lose Bezüge in unserer modernen Welt noch genauso attraktiv und praktisch wie eh und je. Wenn also Ihr Speisezimmer ein Facelifting vertragen könnte, spendieren Sie Ihren Polsterstühlen eine Garnitur neuer Bezüge, die sich mit Klettverschluß oder Bändern befestigen lassen, damit man sie zum Reinigen leicht abziehen kann. Unsere Bezüge wurden mit Zwickeln und Kellerfalten gearbeitet und sitzen wie maßgeschneidert.

Die koketten, in Kellerfalten gelegten Volants nehmen den Stühlen ihre Ernsthaftigkeit und lassen sie graziöser erscheinen, dem femininen Charakter des Speisezimmers entsprechend. Das Grün der Blätter wiederholt sich im Karomuster der Tischdecke.

Wenn Sie es lieber locker und unkonventioneller hätten, empfehlen wir eine vereinfachte Version: Nehmen Sie einen Stoffstreifen und kräuseln Sie ihn an ein Stück aus dem gleichen Stoff, das die Form der Sitzfläche hat. Ein Paspel zwischen Sitz und Volant wäre etwas anspruchsvoller, muß aber nicht sein. Was die Länge anbetrifft: ein kurzer Volant wirkt wie eine frivole Rüsche, ein langer wirkt wie ein graziöser Rock.

Wenn Sie einen Hocker beziehen möchten, nähen Sie den Volant rundherum an den Sitz ohne Schlitze für die Rückenlehne wie beim Stuhl. Nach dem gleichen Muster können Sie auch eine hübsche Tischdecke nähen, die Ähnlichkeit mit einem losen Bezug hat – ein Rückgriff auf die georgianische Epoche, in der man alle möglichen Möbelstücke einschließlich Tische mit Bezügen versah.

ARBEITSMATERIAL

*Papier für ein Schnittmuster
(braunes Packpapier)
Stoff
Passendes Näh- oder Stickgarn
Klettverschluß, 1,5 cm breit
(beide Seiten zum Annähen)*

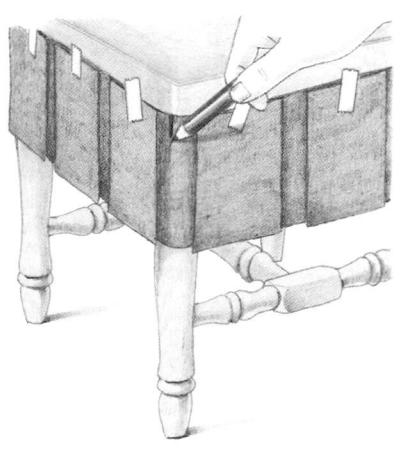

MASSNEHMEN

Wahrscheinlich müssen Sie Ihre Bezüge etwas anders gestalten, damit sie auf Ihre Stühle passen, besonders was die Form und die Position der Stuhlbeine angeht. Aber im allgemeinen paßt dieser Grundschnitt für viele Eßzimmerstühle.

Beginnen Sie mit der Sitzoberfläche und messen Sie bis zu der Stelle, wo der Zwickel angesetzt wird. Geben Sie an der Rückseite 9 cm für ein loses Stoffteil zu, das unter den Stuhlsitz geschlagen wird, und rundherum 12 mm für die Naht. Markieren Sie auf dem Schnittmuster auf beiden Seiten die Stelle, an der die Rückenklappe beginnt und übertragen Sie die Markierungen später auf den Stoff – an diesen Punkten endet die Naht, die die Sitzfläche mit dem Zwickel verbindet.

Entscheiden Sie sich, wie breit der Zwickel sein soll, denken Sie daran, daß er hinten seitlich mit Klettverschluß geschlossen wird. Der Zwickel wird um den Rahmen herumgeführt; die beiden Enden überlappen sich auf der Rückseite nahe des linken Stuhlbeins. In der Länge 2,5 cm für Säume und 7,5 cm zum Überlappen zugeben und in der Höhe 2,5 cm für Nähte.

Die Breite des fertigen Volants mit Kellerfalten festlegen – die optimale Breite hängt von der Höhe der Stühle und von der Form der Beine ab. Zur fertigen Breite 3,5 cm für Naht und Saum zugeben.

Die Anordnung der Falten ist dem Geschmack überlassen, sie hängt von der Form der Stühle ab. Der Volant des hier abgebildeten Stuhles hat auf jeder Seite drei Kellerfalten mit Zwischenräumen. Für jede Falte braucht man zusätzlich zweimal die Faltenbreite. Am besten probieren Sie an einem Papierstreifen aus, wie breit die Falten und die Zwischenräume sein sollen und wie Sie die Ecken am besten gestalten können. Legen Sie den Papierstreifen in Falten und befestigen Sie ihn mit einem Klebestreifen am Stuhlrahmen. Tragen Sie die Markierungen mit Bleistift ein und benutzen den Streifen als Muster.

1. Den Zwickel an die Vorderkante und die Seitenkanten des Sitzes anstecken, 12 mm für die Nähte zugeben. Heften. Steppen. Auf der Rückseite bleibt der Zwickel lose, hier überlappt ein Ende das andere am hinteren, linken Stuhlbein; bei beiden Enden 12 mm für den Saum zugeben. Das längere Ende des losen Zwickelstreifens überlappt das kürzere um 5 cm.

2. Die unversäuberten Oberkanten der beiden losen Enden des Zwickelstreifens 12 mm umkippen, mit Hexenstich säumen (siehe S. 17). Die seitlichen Schnittkanten der losen, hinteren Klappe des Sitzes 12 mm umkippen, säumen; an der hinteren Schnittkante einen Doppelsaum von 1 cm mit Hexenstich nähen.
(Die Klappe wird zwischen Rückenlehne und Polster unter den Sitz geklemmt.)

3. An der Unterkante des Volants einen Doppelsaum von 1 cm einschlagen. Mit einem Buntstift oder mit Schneiderkreide die Position der Falten an der Oberkante auf der rechten Seite des Stoffes mit kurzen, vertikalen Linien markieren. Diese Markierungen müssen zwei Faltenbreiten weit auseinanderliegen. Als Hilfe für die Markierung der Falten können Sie das Papiermuster verwenden, das Sie sich anfangs gemacht haben.

4. Das Einlegen der Falten: Die beiden Markierungen für jede Falte müssen auf der Rückseite des Stoffes zusammentreffen: den Volant knicken, links auf links. Diese Stelle mit ein paar senkrechten Stichen von etwa 2,5 cm Länge heften. Die dadurch entstehende Falte flachdrücken, so daß sich die Kellerfalte bildet. Die Falten entlang der Oberkante des Volants stecken, heften (siehe unten). Mit der Maschine, 12 mm von der Oberkante entfernt, steppen.

5. Wenn die Falten gelegt sind, den Volant bügeln, bevor er an den Zwickel genäht wird.

6. Den in Falte gelegten Volant mit einer Nahtzugabe von 12 mm an den Zwickel steppen. Die seitlichen Kanten von Zwickelstreifen und Volant 12 mm einschlagen und mit Hexenstich befestigen. An den beiden überlappenden Enden des Zwickelstreifens einen Streifen Klettverschluß befestigen: eine Hälfte auf der rechten Seite des unteren Streifens, die andere Hälfte auf der linken Seite des oberen Streifens, so daß beide übereinanderliegen.

7. Den Bezug über den Stuhl ziehen, die beiden Enden des Zwickels übereinanderlegen. Andrücken, so daß sich der Klettverschluß schließt.

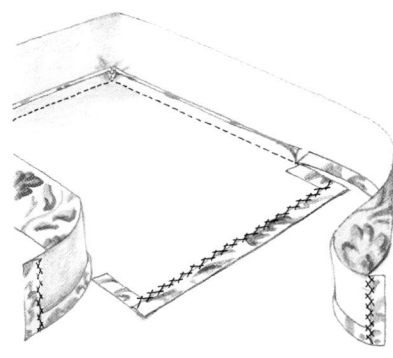

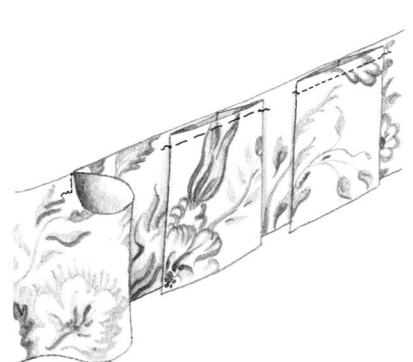

SERVIETTEN

Das Angebot von geeigneten Stoffen ist viel größer als das von fertigen Servietten. Deshalb sind selbstgemachte Servietten eine großartige Möglichkeit, den Stil Ihres Speisezimmers ganz nach Ihrem Geschmack zu gestalten. Und außerdem können Sie viel Geld sparen. Am besten wählen Sie einen waschbaren und nicht zu leichten Stoff, schneiden ihn in Quadrate und säumen die Kanten.

Auch ohne eine Nadel in die Hand zu nehmen, können Sie riesengroße Stoffservietten in zauberhaften Mustern erwerben, wenn Sie nur Ihre Netze etwas weiter auswerfen.

Kopftücher aus Baumwollstoffen gibt es in großer Auswahl in Unifarben, kecken Tupfenmustern und ständig wechselnden, hübschen Designs. Tücher aus der Provence sind besonders schön und praktisch; sie sind in einer Unzahl von Farben, Mustern und Größen zu haben und eignen sich hervorragend für Picknicks und informelle Mahlzeiten. Eine gute Wahl sind auch die großen, altmodischen Herrentaschentücher.

Der Kauf von Einzelstücken ist auch insofern vorteilhaft, weil man nicht von jedem Muster eine ganze Garnitur kaufen muß. Vielleicht möchten Sie sechs oder vier Stück vom gleichen Muster kaufen, aber nur eine Serviette pro Farbstellung, dann könnten Sie jedem Familienmitglied eine andere Farbe zuteilen.

SERVIETTENRINGE

Auch durch Serviettenringe kann man einem Tisch ein neues Gesicht geben. Im Handumdrehen können Sie die Servietten mit einem Band, einer Kordel, einer Borte oder einer Spitzenborte zusammenbinden. Das läßt sich je nach Anlaß variieren: ein Goldband oder ein Band, bestickt mit winterlichen Motiven, für Weihnachten; ein Samt- oder Ripsband für formelle Diners; und eine farbige Kordel für ein Essen mit Freunden oder für Kinderparties. Eine hübsche Idee wäre, jedem Kind eine Farbe zuzuteilen.

Zur Abwechselung könnten Sie hochwertige Seidenblumen wählen. Die sind gewöhnlich an einem biegsamen Draht befestigt, den man lose um die Serviette winden kann. Auch hier die Möglichkeit, alle Servietten mit der gleichen Blüte oder dem gleichen kleinen Bouquet zu garnieren oder für jede Serviette eine andere Blüte zu wählen. Das Gleiche gilt für Gartenblumen, die man mit Blumendraht zusammenbindet

und mit einem feuchten Wattebausch umhüllt, damit sie den Abend frisch überstehen.

Sehr lässig wirken elastische Stoffringe, mit denen man die Haare zusammenhält, und die es in vielen Unifarben gibt.

LINKS OBEN: Um das frühlingshafte Farbkonzept zu unterstreichen, wurden die Servietten mit weichen Schleifen in zarten Gelb- und Grüntönen und einem Zweig duftender Kräuter in jeder Schleife garniert.
OBEN RECHTS: Alte Tablettdeckchen und Sofaschoner machen sich gut als Platzdeckchen, außerdem sind sie manchmal leichter zu finden als traditionelle Tischwäsche in ähnlicher Qualität. Die Servietten mit der Organzaschleife geben dem Ganzen einen zeitgenössischen Look.
UNTEN LINKS: Kleine Halstücher lassen sich gut als Servietten verwenden, man rafft sie locker und hält sie mit ein paar Bastfäden zusammen.
UNTEN RECHTS: Die Servietten sind mit Rosetten aus drahtverstärkten Bändern in zwei Farben dekoriert, die die Hauptfarben des Farbkonzepts wiederholen.

LINKS: Weich drapierte, lose Bezüge mit großen Schleifen aus dem gleichen Stoff sind ein eleganter Kontrast zu der harten Oberfläche und dem spektakulären, geometrisch gemusterten Fliesenboden dieses französischen Speisezimmers.

GEGENÜBERLIEGENDE SEITE: Das originelle Muster auf der Tapete und dem Vorhang nimmt diesem formellen Speisezimmer die Ernsthaftigkeit. Die üppig gerafften, mit Kordeln und Quasten verzierten Seitenschals waren im achtzehnten Jahrhundert in Frankreich sehr beliebt. Die Radieschen und die anderen pflanzlichen Motive nehmen den satten Aubergineton der Vorhänge auf. Sie sind in der Manier alter Stiche dargestellt und kollidieren nicht mit der opulenten Fensterdekoration.

Küchen

Wenn man an die enorme Auswahl von Einbauküchen und aufwendig gestalteten Accessoires denkt, die heutzutage angeboten werden, könnte man meinen, die Ausstatter hätten die Küche erst kürzlich entdeckt. Obwohl sie immer ein außerordentlich wichtiger Raum war, hätte vor dem Ersten Weltkrieg kein vernünftiger Mensch daran gedacht, unnötige Zeit und Anstrengung in die Küche zu investieren, denn sie galt im wesentlichen als Domäne der Hausangestellten. Jede durchschnittliche Familie hatte damals wenigstens ein Dienstmädchen, zu deren Pflichten es gehörte, die Mahlzeiten zuzubereiten. Darüber hinaus war das Kochen eine fettige, rußige Angelegenheit mit viel Kochdunst, und nicht unbedingt notwendige Verzierungen hätten nur zusätzliche Arbeit verursacht.

Im Gegensatz dazu ist die Küche heute häufig Treffpunkt der Familie und der vitale Mittelpunkt des Heims. Sehr viele Menschen haben heutzutage einen recht unorthodoxen Lebensstil. Und viele sind der Ansicht, daß ein Speisezimmer unnötig ist, sie haben eine legerere Auffassung von der Art und Weise, wie man seine Mahlzeiten einnimmt.

Seit die Einbauküchen ständig attraktiver geworden sind und man mehr Wert auf Komfort und Dekoration legt, ist die Küche zu einem Raum mit größerer sozialer Relevanz avanciert. In vielen Küchen gibt es sogar Spielecken, damit das Kleinkind seiner Mutter Gesellschaft leisten kann.

Das Farbkonzept der Küche wurde von den rot/weiß gemusterten Gläsertüchern inspiriert, die zu Kissen für die Kiefernholzstühle verarbeitet wurden. Die Farbkombination gibt den hellen Holzmöbeln und den weißen Wänden einen ausgesprochen modernen Anstrich. Alle

Accessoires – die als Servietten verwendeten Halstücher, der kleingemusterte Teewärmer aus Baumwollköper und die karierte Pinwand – passen sich dem Farbkonzept an. Die weißen Wände mit dem schmalen Schablonenfries sind eine perfekte Folie für das Rot.

51

Bei diesem heiteren Frühstückstisch ist vieles improvisiert, hier wurden einige Elemente verwendet, die für einen anderen Zweck gedacht sind. So auch das Geschirrhandtuch aus Waffelgewebe, das über die ganze Breite des Tisches gebreitet wurde und als Platzdecke für zwei Gedecke dient; die Serviette ist eigentlich ein Halstuch.

Fensterdekorationen für die Küche sind besonders praktisch, wenn man die Stoffe möglichst sparsam verwendet. Am besten eignen sich einfache Rollos, Faltrollos oder einteilige Vorhänge; ungeeignet sind Einfassungen und Bordüren, Raffrollos, Rüschen oder Spitzen.

Alles sollte möglichst einfach gehalten werden, Vorhangstoffe und Kissenbezüge müssen abnehmbar und waschbar sein. Zu empfehlen sind auch schwer entflammbare Stoffe.

Bei der Dekoration unserer Musterküche haben wir uns von klassischen Küchenhandtüchern inspirieren lassen. Die Kissenbezüge, die Platzdeckchen und die Vorhänge sind aus veritablen Geschirrtüchern gemacht, während die Pinnwand, der Teewärmer und die Bordüren an den Regalbrettern gewählt wurden, weil Sie gut ins Konzept passen. Vielleicht möchten Sie unsere Ideen kopieren und einfarbige, karierte oder einfarbige Küchenhandtücher mit oder ohne Jacquardmuster wie Stoffe verwenden – oder auch traditionelle Geschirrtücher, in die die Wörter LEINEN oder GLÄSERTUCH eingewebt sind. Unser Farbkonzept ist Weiß und Rot, während die meisten Geschirrtücher Weiß und Blau oder Grün sind und manchmal auch ganz ungewöhnliche Farben haben. Wenn Ihnen Stoffe lieber sind, können Sie jeden Baumwoll- oder Leinenstoff in frischen, einfachen Karo- oder Streifenmustern verwenden. Es gibt auch eine große Auswahl an gemusterten Geschirrtüchern mit allen möglichen, verrückten Mustern, mit denen man so manches Dekorationskonzept gestalten könnte.

Wenn Sie ein Motto für die Küchendekoration suchen, ist die Auswahl groß. Natürlich bietet sich als Thema für die Küche Eßbares an – Früchte, Gemüse, Fisch oder Muscheln. Machen Sie sich auf die Suche nach einem Stoff mit einem amüsanten Muster, wählen Sie daraus eine der Hauptfarben, auf die Sie alle Elemente Ihres Dekorationskonzepts abstimmen: Moosgrün für Gemüse oder Strohgelb für Hühner und anderes Geflügel. Dann können Sie beginnen, Accessoires zu sammeln, die Ihr Motto thematisieren: Topfhandschuhe und Schürzen, Geschirrtücher, gerahmte Drucke und ein paar Stücke aus Porzellan zur Belebung des Küchenbuffets.

KAFFEEHAUSVORHÄNGE

Kaffeehausvorhänge wirken frisch und heiter und sind außerordentlich praktisch, weil Sie keinen Einblick gewähren, aber eine Menge Licht durch den oberen Teil des Fensters hereinlassen. Man kann sie für Schlafräume, Badezimmer und Wohnräume verwenden, aber ihre natürliche Umgebung ist die Küche, weil sie sich leicht abnehmen und waschen lassen. Außerdem eignen sich die kleinen Fenster, die man gewöhnlich in Küchen findet, besser für ein so einfaches Design. Man kann Kaffeehausvorhänge zwar in jedem beliebigem Abstand von der Oberkante des Fensters aufhängen, aber gewöhnlich werden die Vorhangstangen in der Mitte des Fensters angebracht.

Wenn Sie einen bezaubernden, ausgefallenen Vorhang kreieren möchten, der wenig Zeit und Geld kostet, nähen Sie einfach mehrere Geschirrtücher aneinander. Am besten wirken die traditionellen Muster, bei denen man sich die Webkanten zunutze machen kann und sie nicht einmal säumen muß.

Wir haben uns für winzige Karos entschieden, aber genauso gut wirken Streifenmuster oder seitlich eingewebte Wörter wie LEINEN oder GLÄSERTUCH. Wenn Ihnen das noch nicht einfach genug ist, wählen Sie einfarbige Geschirrtücher.

Seit eh und je werden Kaffeehausvorhänge an Ringen aufgehängt. Damit Sie die ungefütterten Vorhänge beidseitig verwenden können, befestigen Sie die Ringe an der Oberkante, anstatt ein Faltenband zu verwenden. Sie können aber auch Messingösen in die Oberkante einlassen, wie wir es bei unseren Mustervorhängen getan haben. Ösen gibt es in verschiedenen Größen; die großen sind wahrscheinlich größer als Ihre Gardinenstange, so daß Sie die Stange direkt durch die Ösen stecken können. Wenn das nicht geht, ziehen Sie Schlingen aus Kordel oder Ringe durch die Ösen und befestigen diese an der Stange. Wenn Sie den Vorhang an Kordelschlingen oder Ringen befestigen, hängt er natürlich ein wenig tiefer, als wenn Sie die Gardinenstange durch die Ösen stecken. Diese Variante wäre zu empfehlen, wenn die Vorhänge etwas zu kurz ausfallen sollten.

Anstelle der Standard-Gardinenringe haben wir die Kaffeehausvorhänge an Kordelschlingen befestigt – mit Bändern oder Kordeln in der gleichen Farbe wie die Vorhänge oder in einer Kontrastfarbe lassen sich verschiedene Wirkungen erzielen. Bei dieser Hängung kann man die Länge der Vorhänge je nach Bedarf variieren.

ARBEITSMATERIAL

Gardinenstange aus Holz oder Messing
Küchenhandtücher oder entsprechender
Stoff – die Gesamtbreite sollte 1½mal
die Breite der Gardinenstange betragen
Passendes Nähgarn
Messingösen mit 2,5 cm Durchmesser
und das dazugehörige Werkzeug zum
Einlassen in den Stoff (es wird zum An-
fertigen von Segeln benötigt und ist in
Schiffsbedarfsgeschäften erhältlich)
Kordel für die Schlingen

Die Gardine mit dem glatten, hochste-
henden Köpfchen und den großen Mes-
singösen, durch die die Gardinenstange
gefädelt ist, wirkt sachlich und adrett.

1. Die langen Seiten der Stoffbahnen ne-
beneinanderlegen, so daß sich die Kanten
überlappen. Mit einer geraden Maschinennaht aneinandersteppen. Eine solche
Naht sieht von beiden Seiten gut aus.

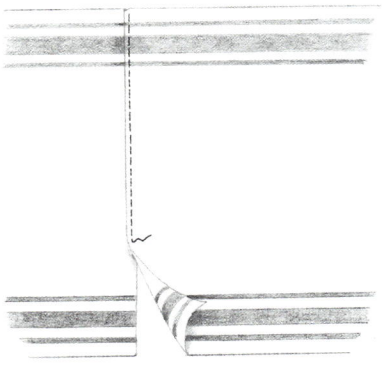

2. Mit einem Bleistift in regelmäßigen
Abständen senkrechte Markierungen für
die Ösen machen – wir haben für unsere
Vorhänge durchschnittlich vier bis fünf
Ösen pro Geschirrtuchbreite genommen.
Auf den markierten Linien in gleich-
mäßigem Abstand von der Oberkante
Punkte markieren. An diesen Punkten die
Messingösen mit Hilfe des Werkzeugs in
den Stoff pressen.

3. Entweder die Gardinenstange durch
die Ösen stecken und befestigen. Oder
zuerst die Gardinenstange befestigen, die
Kordel durch die Ösen stecken und einen
doppelten Knoten über der Stange machen, dabei zuerst den rechten Faden über
den linken legen, dann den linken über
den rechten.

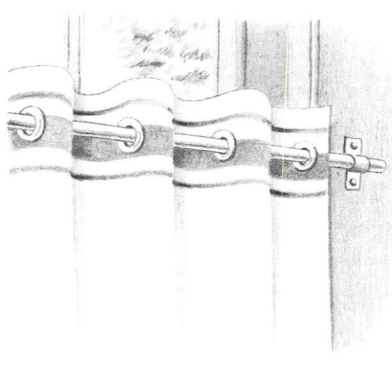

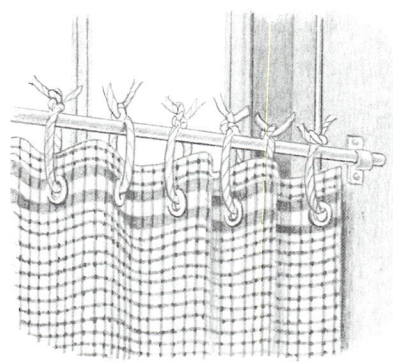

KÜCHENSCHRÄNKE

Küchenschranktüren stellen uns zuweilen vor recht vertrackte Probleme, sowohl bei der Dekoration wie in praktischen Fragen. Wenn man in eine neue Wohnung zieht, findet man häufig Einbauschränke, die perfekt funktionieren, die einem aber absolut nicht gefallen. Aber auch die Türen von Einbauschränken, die man selbst ausgesucht hat, sehen zuweilen nach einiger Zeit abgenutzt und traurig aus – oder man hat sie sich schlicht übersehen. In kleinen Küchen können diese heimtückischen Schranktüren eine echte Gefahrenquelle sein: Man stößt sie sich vor den Kopf und sie machen das Arbeiten für mehr als eine Person recht ungemütlich.

Sie könnten dieses Problem dadurch lösen, daß Sie die Türen ganz und gar entfernen und durch einen Stoffvorhang ersetzen. Unterhalb der Arbeitsplatte könnten Sie einfache Baumwoll- oder Leinenvorhänge anbringen, die leicht zu waschen sind. Einfarbige oder weiße Vorhänge erinnern an die liebliche Atmosphäre eines französischen Bauernhauses; Karo-, Streifen- oder andere Muster in kräftigen Farben sind für dramatische Akzente gut. Für unsere Mustervorhänge haben wir ein rustikales Muster mit Weinlaub und Trauben gewählt, das in der Stimmung mit unserem schlichten Geschirrtuchdesign harmoniert.

Messen Sie die Länge Ihrer Arbeitsplatte und rechnen Sie 1½mal soviel Stoff für den Vorhang – mehr Fülle wäre für die Küche nicht angebracht. Hängen Sie die Vorhänge an einer dünnen Messing- oder Holzstange oder an einem elastischen Stahlseil auf, das zwischen zwei Haken gespannt wird. Sie können entweder Ringe verwenden oder die Gardinenstange durch die Futteralkante stecken. Für den oberen Teil der Küchenschränke wären Rollos die beste Lösung – ein konventionelles Springrollo oder ein Rollo, das glatt herunterhängt und von unten aufgerollt wird (siehe Kapitel Gartenzimmer, S. 123). Wenn das Vor-den-Kopf-gestoßen-Werden für

Sie kein Thema ist und die Türen sich schlecht entfernen lassen, können Sie sie auch mit leichten, gekräuselten Gardinen verdecken, die oben und unten auf dünne Stangen gezogen werden.

Auf die gleiche Art und Weise kann man verglaste Schranktüren von innen verkleiden. Nehmen Sie einfach gekräuselte Scheibengardinen und befestigen Sie sie oben und unten. Wie bei den Schranktüren ist auch hier nur wenig Näharbeit nötig, lediglich eine Futteralkante oben und unten. Durch das Futteral wird ein elastisches Stahlseil geschoben, und die Gardinen lassen sich zum Waschen leicht abnehmen.

Ein hübscher Vorhang mit Streublümchenmuster verbirgt das Durcheinander auf dem Regal. Wenn Sie einen Vorhang für einen Unterschrank um eine Ecke führen wollen, verwenden Sie anstelle fester Gardinenstangen ein elastisches Drahtseil. Wenn sich unter Ihrer Arbeitsfläche kein Küchenschrankrahmen befindet, wird der Stoff an beiden Ecken an einem Extrahaken auf der Unterseite fixiert.

EINEN TEEWÄRMER ARBEITEN

Auch mit einem selbstgemachten Teewärmer können Sie Ihrer Küche eine persönliche Note verleihen. Es gibt nicht nur eine unendliche Auswahl an Stoffen und Formen, zwischen denen Sie wählen können, Sie können Ihren Teewärmer auch größer und dicker gestalten als jedes Exemplar, das man kaufen kann.

Es liegt nahe, daß Sie einen Stoff wählen, der zu anderen Dingen in der Küche paßt – vielleicht zu den Vorhängen oder zur Tischdecke – oder der das Dekorationsmotto aufnimmt. Natürlich könnten Sie auch Geschirrtücher aus Baumwolle oder Leinen verwenden, aber hier würde sich ein Flächenmuster besser eignen als ein Muster mit Bordüre.

Eine andere Möglichkeit wäre etwas völlig Überraschendes wie geblümter Chintz, ein ele-gantes »Hundezahnornament« (eine Zierform der englischen Frühgotik) oder ein liebenswürdiges Kinderzimmermuster – Muster also, die normalerweise nicht in der Küche verwendet werden.

Als lustigen Höhepunkt könnten Sie den Teewärmer oben mit einer Quaste verzieren oder am unteren Rand mit einer feierlichen Fransenborte für Polstermöbel. Das einzige Muß ist, das alles, was Sie verwenden, waschbar ist. Als Futter nehmen Sie am besten einen dichten Baumwollstoff und für die Füllung Dacron- oder Polyesterwatte. Nehmen Sie die Maße Ihrer Teekanne und kalkulieren Sie die Öffnung großzügig, damit der Teewärmer nicht zu stramm sitzt. Je dicker die Wattierung, desto besser die Isolierung.

ARBEITSMATERIAL

Zwei aufeinander abgestimmte Baumwollstoffe – einen für den äußeren Bezug, den anderen für das Futter und die Einfassung
Passendes Nähgarn
Dacron- oder Polyesterwatte, mittelschwer

1. Machen Sie sich als erstes ein Papiermuster aus Zeichenpapier oder Packpapier. Zeichnen Sie ein Rechteck, in das Ihr Teewärmer hineinpaßt; 30 × 28,7 cm ist ausreichend für eine durchschnittliche Teekanne. Nehmen Sie eine Untertasse zum Abrunden der Ecken. Die Papierform ausschneiden und danach 2 Stücke Stoff für die äußere Hülle, 2 Stücke Stoff für das Futter und 2 Stücke von der Kunststoffwatte schneiden. Die Wattierung an der Unterkante 12 mm kürzen.

2. Ein Stück Oberstoff auf ein Stück Futterstoff legen, links auf links. Ein Stück Wattierung dazwischenlegen und die Oberkanten angleichen. Alle drei Stücke an der Außenkante zusammenstecken und heften. Mit einer Nahtzugabe von 6 mm steppen. Die Prozedur für die zweite, wattierte Hälfte wiederholen.

3. An der Unterkante jeder Hälfte des Teewärmers den Oberstoff über die Wattierung auf die Innenseite kippen. Die Schnittkante des Futterstoffes nach innen einschlagen, so daß er von außen nicht zu sehen ist. Den Oberstoff mit Fallstich an das Futter nähen (siehe S. 17).

4. Beide Hälften des Teewärmers, links auf links, aufeinanderlegen. Die Schnittkanten zusammenstecken, heften. Auf der ersten Naht zusammensteppen.

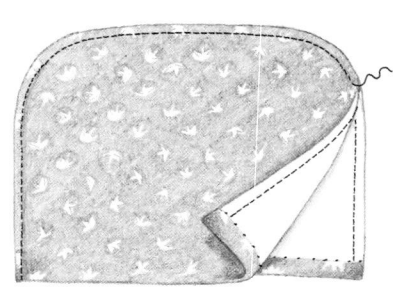

5. Einen 2,5 cm breiten Schrägstreifen (siehe S. 130) für die Seiten- und Oberkante des Teewärmers und für eine Schlinge zum Aufhängen vorbereiten. Die langen Schnittkanten des Streifens auf die linke Seite kippen, bis sie sich treffen. Bügeln.

6. Einen 4 cm langen Schrägstreifen zu einer Schlaufe zusammenfalten und in der Mitte der Oberkante des Teewärmers ansteppen. Den Schrägstreifen der Länge nach zusammenfalten, über die Schnittkante des Teewärmers legen, so daß die Schnittkanten des Schrägstreifens und des Teewärmers übereinanderliegen.

7. Den Schrägstreifen aufklappen, so daß er rechts auf rechts, Schnittkante auf Schnittkante, auf dem Teewärmer liegt. Stecken. Den Schrägstreifen auf dem Knick von Hand ansteppen. Beide Enden des Schrägstreifens an der Unterkante des Teewärmers über die Unterkante nach innen führen.

 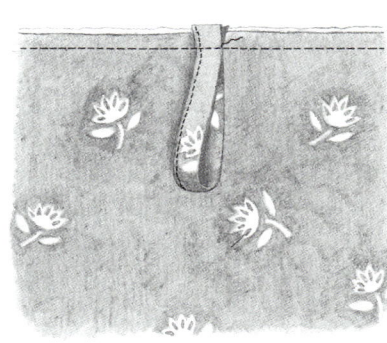 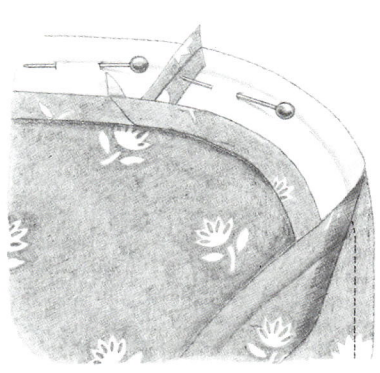

8. Den Schrägstreifen über die Schnittkante des Teewärmers kippen. Mit Fallstich dicht neben der Steppnaht annähen (siehe S. 17).

Der Oberstoff unseres Teewärmers ist ein Kleiderstoff mit Streublümchenmuster. Wir haben ihn mit einem Pünktchenmuster gefüttert und gepaspelt.

Ein Kissen mit glatter Zierkante arbeiten

Eine elegante Variante der alltäglichen Kissen wäre eine Kollektion einfach zu arbeitender Kissenbezüge mit glatten Zierkanten, wie man sie von Kopfkissen kennt. Den Formen und Dessins sind kaum Grenzen gesetzt. Sehr leicht zu arbeiten, aber sehr wirkungsvoll sind Bezüge aus Baumwolltüchern mit Bordürenmustern, Taschentüchern oder, wie wir es getan haben, Geschirrtüchern, deren Muster sich hervorragend für die Gestaltung einer flachen Zierkante eignen. Tücher aus der Provence mit den traditionellen, südfranzösischen Mustern gibt es in reinen Primärfarben oder subtilen Farbnuancen und verschiedenen Größen. Auch Herrentaschentücher mit Karo- oder Bordürenmustern eignen sich gut; die Standardversion von 40 cm im Quadrat ist allerdings etwas zu klein für einen Kissenbezug, aber bei einigen Herrenausstattern kann man zuweilen noch die altmodischen Versionen von 50–60 cm finden. Eine andere Möglichkeit sind die exquisiten handgesäumten weißen Taschentücher, die man zu femineren Kissenbezügen für das Schlafzimmer verarbeiten kann.

Um eine einfache, flache Zierkante zu arbeiten, näht man zwei Stoffquadrate an den Außenkanten aneinander, erst dann steppt man, parallel dazu, eine zweite Naht, die Kissenbezug und Zierkante voneinander trennt. Eine doppelte Zierkante erfordert sogar noch weniger Arbeit: Man läßt die äußere Zierkante offen – die gesäumte oder rollierte Stoffkante sorgt für ein exaktes, professionelles Finish des Kissenbezuges.

Die Geschirrtücher, die wir verwendet haben, hatten eine Bordürenkante, die sich leicht zu einer flachen Zierkante verarbeiten läßt. Es gibt verschiedene Möglichkeiten, eine flache Zierkante zu arbeiten. Die unten beschriebene Version ist schnell und leicht zu arbeiten: Man nimmt eine waschbare Kissenfüllung und steckt sie in den Bezug. Das heißt, man kann das ganze Kissen in die Waschmaschine stecken (die Waschanleitung ist natürlich genau zu befolgen). Eine andere Möglichkeit wäre, für die Vorderseite ein Geschirrtuch zu nehmen und die Rückseite aus einem ähnlichen Stoff mit einem Reißverschluß in der Mitte zu arbeiten.

Für beide Kissen haben wir französische Küchentücher aus Jacquardgewebe verwendet. Das größere Kissen besteht aus zwei zusammengenähten Tüchern, das kleinere aus einem. Es wurde in der Mitte zusammengefaltet und mit einem Reißverschluß gearbeitet.

Arbeitsmaterial

*Zwei Küchenhandtücher
Passendes Nähgarn
Waschbares Kissenpolster*

1. Das Polster auf die Mitte eines der beiden Geschirrtücher legen. Um die Füllung herum, auf der rechten Seite des Geschirrtuchs, ein Rechteck einzeichnen, in das die Füllung hineinpaßt, wenn man die beiden Teile zusammennäht.

2. Das Polster beiseitelegen. Die beiden Geschirrtücher genau aufeinanderlegen, links auf links. Stecken, heften. An den beiden langen und an einer kurzen Kante dicht an der Außenkante zusammensteppen. Entlang der eingezeichneten Linien das innere Quadrat an den gleichen 3 Seiten steppen.

3. Das Polster in den Bezug stecken und die noch offene Seite zustepppen – entlang der Außenkante und auf der markierten, inneren Linie.

DIE PINNWAND

Eine Pinnwand ist unendlich nützlich für Mitteilungen, Einkaufslisten, Termine, Ansichtskarten und Kinderzeichnungen. Gewöhnlich ist sie aus irgendeinem anspruchslosen Material wie Korkfliesen, oder sie ist mit einem filzartigen Wollstoff oder Filz bezogen. Sorgen Sie für eine amüsante Abwechselung: Basteln Sie eine Pinnwand aus einer durchgehenden Kork- oder Kunstfaserplatte und beziehen Sie sie mit einem gemusterten Stoff, der dem Stil der Umgebung angepaßt ist. Wir haben für unser Beispiel ein Muster mit kleinen Karos gewählt, breite Markisenstreifen würden in ein modernes Konzept passen und aufgeplusterte Buschrosenblüten zum klassischen englischen Country Look.

Eine andere, ausgesprochen traditionelle Variante der Pinnwand wird aus einem ähnlichen Material gebastelt und ebenfalls mit Stoff bezogen, aber die Notizen und Mitteilungen werden hinter ein Band oder eine Bordüre geklemmt, die wie ein Spaliermuster über die Wand gespannt ist.

Das Band oder die Borte befestigt man einfach mit Reißnägeln oder steckt eine bunte Stecknadel auf die Punkte, an denen sich die Bänder kreuzen.

ZIERKANTEN FÜR REGALBRETTER

Hübsche Zierkanten an Regalbrettern passen zum altmodischen Country Look. Garnieren Sie die offenen Regalbretter an der Küchenwand, in der Speisekammer oder im Aufsatz des Küchenschrankes mit einer Borte aus Baumwollspitze, einer Pomponborte oder einer schmalen Lochstickereiborte. Oder versuchen Sie es mit einem breiten Band (gerade oder gekräuselt wie unser Minikaromuster) in einer leuchtenden Farbe, mit Webmuster oder einem Tartanmuster, und befestigen Sie es an der Vorderkante der Bretter mit Messingreißnägeln, die sich in die Dekoration einfügen. Sie können das Band natürlich auch ankleben – mit wenig Klebstoff, damit Sie es zum Waschen abnehmen können. In der Küche ist es wichtig, daß alle dekorativen Details waschbar sind oder so billig, daß es Ihnen nichts ausmacht, sie durch neue zu ersetzen, wenn sie ihren Höhepunkt überschritten haben.

Die Garnierung von Regalbrettern beschränkt sich nicht nur auf die Küche, eine Spitzenbordüre ist auch im Kleiderschrank, im Wäscheschrank oder in einem Geschirrschrank mit Glastüren angebracht. Und für das Kinderzimmer gibt es bezaubernde Bänder mit kindlichen Webmustern, die man an Wäsche- oder Spielzeugregalen anbringen kann.

Im neunzehnten Jahrhundert verkleidete man an der Wand angebrachte Ablagen in der Diele häufig mit Stoffdrapierungen in Form von Querbehängen oder Lambrequins. Die pompösen Garnierungen von damals sind heutzutage allerdings stark reduziert, die Regalbretter im Wohn- oder Arbeitszimmer werden mit schweren Kordeln, Tressen oder Gimpe verziert. Man kann es auch wie die schlauen viktorianischen Schloßherrinnen machen und an den Kanten der Buchregale gerade Fransenborten befestigen, die so lang sind, daß sie über jedes Buch wischen, das vom darunterliegenden Brett genommen wird. Das dient nicht nur der Dekoration, auf diese Art und Weise werden die Bücher automatisch entstaubt.

Gewebte Borten für Regalbretter gibt es passend zu jedem Dekorationsstil. Ein Band in kräftigen Farben – uni oder gestreift – hat graphische Wirkung, definiert klare Linien; eine kurze Rüsche aus Band oder Spitze strahlt eine wohltuende, ländliche Atmospäre aus; Pompons haben eine individuelle Note.

GEGENÜBERLIEGENDE SEITE: *Ein Polster-sessel oder ein Sofa in der Küche ver-breitet Behaglichkeit. Dieser Sessel mit seinen runden Formen und seinem ge-kräuselten Volant lockert die geraden Linien des Raumes auf. Das Farbkon-zept von Gelb, Blau und Weiß, verbreitet eine heitere, lichte Atmosphäre, und das ungewöhnliche blau-weiß karierte Por-zellanmuster nimmt das Muster des Ses-selbezuges auf.*

LINKS: *Eine Jutebordüre mit bogenförmi-ger Kante verwandelt ein rein funktio-nelles, verstellbares Küchenregal in eine elegante Ausstellungsfläche. Die natur-farbene Jutebordüre korrespondiert mit den neutralen Farbnuancen des Karo-musters und den übrigen naturbelasse-nen Materialien im Raum.*

Dieser hübschen, rustikalen Küche mit dem bequemen Sofa, den rüschenverzierten Kissen, dem Vorhang über der Tür und der darauf abgestimmten Tapete sieht man es kaum an, daß sie so viele praktische Funktionen hat. Abgesehen von dem Steinfußboden, und den ungebeizten Kiefernholzmöbeln würde sich das Konzept genausogut für ein urbanes Wohnzimmer eignen. Diese Küche ist nicht nur Arbeitsraum, sie ist auch ein Ort für heitere Familienzusammenkünfte und für ein unkonventionelles Beisammensein mit Freunden.

Schlafräume

Das Schlafzimmer ist der intimste Raum des Hauses – ein Refugium, in dem man sich vom Trubel des Familienlebens erholen kann, ein Paradies zum Entspannen und eine private Domäne, deren Stil vom Geschmack und den Gewohnheiten seines Bewohners geprägt wird.

Ein separater, privater Raum zum Schlafen und Ankleiden ist erst seit relativ kurzer Zeit gebräuchlich. Bis zum achtzehnten Jahrhundert dienten die Bettkammern der Reichen und der Aristokratie vor allem als Empfangsräume, wo man Freunde, politische Mitstreiter, Diplomaten, Geschäftsfreunde und andere wichtige Persönlichkeiten empfing. Die Betten hatten eine imponierende Größe und waren prächtig dekoriert. Sie dienten nicht in erster Linie der Bequemlichkeit und dem Wohl ihres Besitzers, sie sollten vor allem denjenigen imponieren, die aus dem Innern der Stoffwogen heraus willkommen geheißen wurden.

In bescheideneren Haushalten, wo man es sich gewöhnlich nicht leisten konnte, Wohnraum für eine derartig begrenzte Verwendung bereitzustellen, lebten, schliefen, kochten, aßen und badeten alle Familienmitglieder in einem einzigen Raum. Erst seit etwa zweihundert Jahren werden die Wohnungen in den meisten Fällen so aufgeteilt, wie wir es heute gewohnt sind – mit separaten Räumen, die ausschließlich dem Schlafen vorbehalten sind.

Neutrale Naturtöne und Gewebe aus Naturfasern versprechen ein behagliches, harmonisches Ambiente. In diesem mit schlichter Eleganz ausgestatteten Schlafzimmer haben wir schneeweißes Leinen, taupe-weiß karierte oder gestreifte Baumwollstoffe und naturfarbene Kokos- und Jutefasern verwendet,

gewürzt mit einer Prise Holz, Ton und Bast. Die blassen Farbtöne sind nicht ganz so unpraktisch, wie es scheint; fast alle Stoffe und Materialien sind waschbar oder abwaschbar, von der Bettwäsche und der Bettverkleidung bis zu den Kissenbezügen und dem Eggshell-Anstrich des Holzwerks.

Hier wurden einfache Kissen mit Fransenbordüren und Jutekordeln aufgepeppt. Spektakulärer wirken die farblich abgestimmten Quasten (klein und dezent oder üppig und extravagant) an jeder Ecke.

Das Ausstattungskonzept für ein Schlafzimmer muß wohl oder übel diese Hauptfunktion respektieren und die Voraussetzungen für eine ruhige, entspannende Atmosphäre schaffen. Ein Vorteil ist, daß viele Probleme, die sich bei der Planung eines Wohnzimmers oder einer Küche als Hindernisse in den Weg stellen könnten, im Schlafzimmer nicht relevant sind: Der Fußboden muß nicht unbedingt abwaschbar oder besonders strapazierfähig sein; die Oberflächen sind nicht dem Dauerrisiko von verschütteten Getränken und Essenskrümeln ausgesetzt – und die Sitzmöbel werden nicht besonders stark beansprucht. Das bedeutet, daß man sich – ausgenommen beim Bett – bei der Auswahl der Ausstattung mehr von ästhetischen als von praktischen Erwägungen leiten lassen kann. Wie erfreulich, wenn man einen Raum gestalten will, bei dem die Dekoration mit Textilien so außergewöhnlich viele Möglichkeiten bietet. Nicht nur bei konventionellen Raumtextilien wie Vorhängen und Kissen, auch bei Bettwäsche und Accessoires können Sie auf eine große Auswahl hervorragender Qualitäten zurückgreifen, die es ihnen erleichtern wird, Ihre Vorstellungen zu verwirklichen. Sie können wählen zwischen traditionellen Wolldecken und molligen Steppdecken und den dazugehörigen Bettwäschegarnituren, Kopfkissen- und Daunendeckenbezügen. Zu einigen Kollektionen gehören sogar Vorhänge, Zierkissen, Lampenschirme, Tischdecken und Stoffe, so daß Sie die Schlafzimmerausstattung vollständig koordinieren können, wenn Sie mögen. Auch antike Textilien lassen sich wunderbar in ein solches Konzept einfügen.

Bei unserem Musterschlafzimmer haben wir uns nach dem zeitgenössischen Geschmack gerichtet und subtile, neutrale Farbnuancen und Texturen und einfache, geometrische Muster mit einem Einrichtungsstil kombiniert, der von vergangenen Stilepochen inspiriert wurde. Eine ähnliche Wirkung ließe sich mit einer Palette von warmen Weiß-, Creme- und Beigenuancen erzielen.

Eine andere Möglichkeit wäre, die gleichen Elemente zu verwenden und nur die Farben zu ändern. Wenn Sie ein opulentes, exotisches Ambiente vorziehen, bauen Sie Ihr Farbkonzept auf warmen Herbsttönen auf – garnieren Sie Bett und Fenster in satten Gold- und Rosttönen, tauchen Sie die Wände mit einer Farbwäsche in weiches Terrakotta und setzen Sie Akzente in Zimt, Oliv und Safran.

EIN FALSCHES VIERPFOSTENBETT

Hunderte von Jahren, vom frühen Mittelalter bis zur viktorianischen Epoche, beherrschten in Europa Vierpfostenbetten mit opulenten Draperien die Bettkammern – ausgenommen bei den ärmsten Adelsfamilien. Wie viele andere Haushaltstextilien waren die kunstvollen Bettverkleidungen bis zu einem gewissen Grad Statussymbole. Andererseits hatten die Bettvorhänge auch einen praktischen Wert. Sie schützten die Schlafenden nicht nur vor eisiger Zugluft, sie hatten noch eine andere Funktion: Sie boten ein Minimum an Intimsphäre zu einer Zeit, da es selbst in den Häusern der Hocharistokratie üblich war, daß mehrere Personen oder Paare einen Raum teilten.

Heutzutage besitzen nur wenige ein Vierpfostenbett, dennoch können elegant drapierte Bettvorhänge jedem Schlafzimmer ein zeitloses Flair verleihen. Diese Illusion läßt sich auch ohne Bettpfosten erreichen, indem man mehrere generös gerüschte Stoffbahnen (mit Hilfe von traditionellen Faltenbändern und Haken) an Gardinenstangen oder Schienen aufhängt, die direkt an Deckenbalken über dem Bett befestigt werden. Man nimmt dazu einen ungemusterten, reversiblen Stoff – ein gemusterter Stoff muß mit dem gleichen Stoff gefüttert werden, damit die Bettvorhänge auch von innen hübsch anzusehen sind. Wenn es Ihnen genügt, daß das Bett nur so aussieht wie ein Himmelbett mit Vorhängen, und wenn Sie die Vorhänge gar nicht zuziehen wollen, können Sie sie an Ösen hängen, die in eine an der Decke befestigte Holzleiste geschraubt werden. Noch einfacher ist es, wenn man den Stoff mit Tackerklammern direkt an der Holzleiste befestigt – natürlich kann man sie dann nicht mehr so leicht zum Waschen abnehmen. Die Holzkonstruktion können Sie mit einem kurzen Querbehang aus dem gleichen Stoff verdecken. Für Betten, die mit dem Kopfende an der Wand stehen, braucht man drei Vorhänge: für die beiden Seiten und für das Fußende; für Betten, die in der Ecke stehen, nur zwei. In einem kleinen, schmalen Raum sollte man das Bett mit einer Längsseite an eine der kurzen Wände stellen, und einen einzigen Vorhang davor anbringen.

Für unser falsches Vierpfostenbett haben wir alte Leinenlaken verwendet und sie an vier Holzleisten gehängt, die an der Decke befestigt wurden. (Neue Laken in frischem Weiß wirken fast genauso.) Wir haben acht Vorhänge gebraucht – zwei für jede Seite. Die Holzkonstruktion haben wir mit einem Querbehang aus dem gleichen, alten Leinen verdeckt. Er wurde mit Klettverschluß an den Außenkanten des Holzrahmens befestigt, die Vorhänge an den Innenkanten.

Wenn Ihr Raum sehr hoch ist oder wenn Sie es lieber schlicht mögen, bringen Sie einen weichen Stoff am Kopfende des Bettes an, drapieren Sie ihn entweder über eine kurze Holz-, Messing oder Eisenstange, die senkrecht in den Raum hineinragt, oder über einen großen Haken. Die Stange oder der Haken werden entweder an der Decke oder an der Wand hinter dem Kopfende des Bettes angebracht. Der Stoff muß zu beiden Seiten des Bettes bis auf den Boden fallen – sollte er irgendwie hinderlich sein, kann man ihn über Rosetten oder Raffhalter führen, die rechts und links am Bettrahmen angebracht werden.

Ob Ihre Bettverkleidung kunstvoll dekoriert oder von schlichter Zurückhaltung ist – in jedem Fall sollte sie stilistisch zu den übrigen Raumtextilien passen. Sie könnten zum Beispiel für die Bettverkleidung hübsche Baumwollspitze oder Musselin verwenden und den gleichen Stoff für die Fenster.

ARBEITSMATERIAL

Holzleisten, 7,5 × 5 cm
Schrauben zum Befestigen
Vorhangschiene, Faltenband und
Gardinenhaken (für Vorhänge, die
zugezogen werden können)
Klettverschluß
(mit einer selbstklebenden Hälfte und
einer Hälfte zum Annähen)
Laken aus Leinen oder Baumwolle –
vier Doppellaken für die Vorhänge und
zwei einfache Laken für den
Querbehang
Beigefarbenes Gurtband
Tacker mit Klammern

MASSNEHMEN

Die Länge des Bettes (inklusive Bettzeug) messen und zwei Holzleisten in dieser Länge plus 7,5 cm schneiden. Zwei Leisten in der Breite des Bettes schneiden.

Für die Vorhänge verwendet man die Laken, wie sie sind und ohne zu schneiden oder zu säumen. Die erforderliche Länge – vom Holzrahmen an der Decke bis zum Fußboden – messen, denn die Vorhänge müssen lang genug sein, damit sie bis zum Boden reichen. (Vom Klettverschluß oder von der Schiene an messen.) Wenn die Laken zu lang sind, kann man sie am Boden schleifen lassen, das wirkt je länger, um so luxuriöser.

Für den Querbehang aus den einfachen Laken je zwei Seitenteile und zwei Teile für Kopf- und Fußende zuschneiden. Sie müssen genauso lang sein wie der Holzrahmen. Zur erforderlichen Tiefe des Querbehangs 2,5 cm zugeben.

DEN HOLZRAHMEN ANBRINGEN

1. Die Holzleisten an den Deckenbalken anschrauben. Wenn die Deckenbalken nicht an der richtigen Stelle sitzen, und falls Sie von oben, vielleicht vom Dachboden aus, Zugang zur Decke haben, können Sie zwischen den Balken zusätzlich Holzpflöcke anbringen und den Rahmen an den Holzpflöcken anschrauben.

2. Wenn die Vorhänge zum Zuziehen sein sollen, innerhalb des Holzrahmens Vorhangschienen anbringen; sollen sie ständig geöffnet bleiben, acht Streifen Klettverschluß von je 40 cm Länge an der Innenseite des Rahmens, dicht an der Unterkante, rechts und links von den Ecken, anbringen; den Hakenteil des Klettverschlusses kann man mit dem Tacker und Heftklammern befestigen.

3. Für den Querbehang an beiden Seiten und am Fußende einen kontinuierlichen Streifen Klettverschluß auf der Außenseite des Rahmens, dicht an der Oberkante anbringen (vorausgesetzt, das Bett steht mit dem Kopfteil an der Wand). Am Kopfende des Bettes muß der Klettverschluß innerhalb des Rahmens angebracht werden.

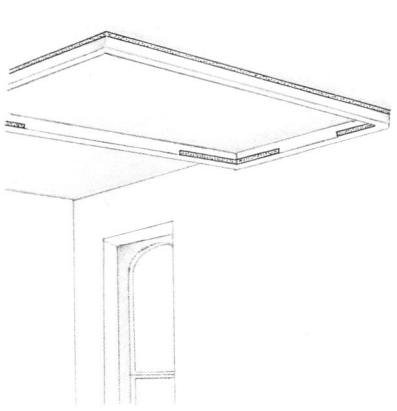

DEN QUERBEHANG NÄHEN UND ANBRINGEN

1. Bei jedem der vier Streifen für den Querbehang rundherum einen Doppelsaum von 12 mm einschlagen. Steppen.

2. Einen Klettverschlußstreifen mit der Maschine an die Oberkante des Querbehangstreifens steppen: bei den seitlichen Teilen und bei dem Teil für das Fußende auf die rechte Seite; bei dem Teil für das Kopfende auf die linke Seite.

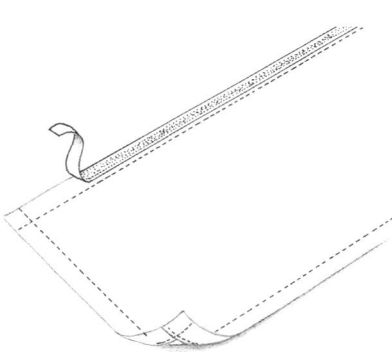

3. Die Klettverschlußstreifen auf die jeweils andere Seite der Querbehangstreifen kippen. Die Querbehangstreifen für die Seiten und für das Fußende an die Klettverschlußstreifen auf der Außenseite des Rahmens drücken, den Querstreifen für das Kopfende an den Klettverschlußstreifen auf der Innenseite des Rahmens.

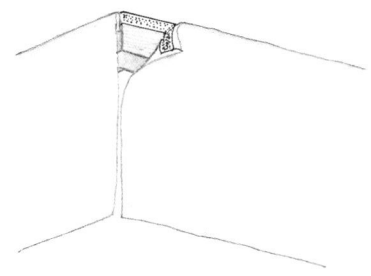

4. Zwei Streifen breites, beigefarbenes Gurtband schneiden, doppelt so lang wie die Breite des Querbehangs. Die Enden abschrägen. In der Mitte des Bandes ein Stück Klettverschluß quer über die Breite annähen.

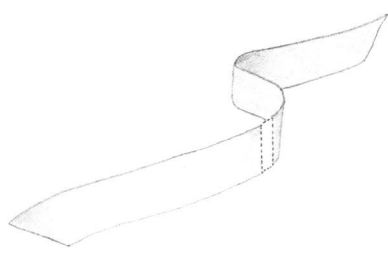

5. Das Band an den Ecken am Fußende des Rahmens befestigen, um die Lücken dekorativ zu füllen.

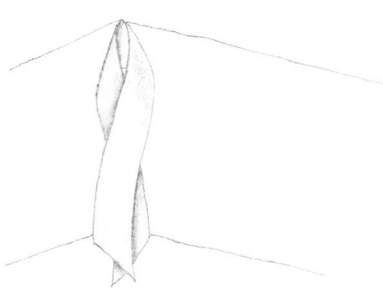

DIE BETTVORHÄNGE ANBRINGEN

1. Für jeden der vier Vorhänge (falls Sie Klettverschluß anstelle von Gardinenstangen verwenden) einen Streifen Klettverschluß (die Hälfte, die angenäht wird) in der Länge der fertigen Vorhänge schneiden. Die Länge entspricht derjenigen der Klettverschlußstreifen auf der Innenseite des Rahmens.

2. Die Oberkante der Vorhänge durch Stecken von Falten auf die erforderliche Breite der fertigen Vorhänge bringen. Die Klettverschlußstreifen mit der Maschine auf der linken Seite der Oberkante ansteppen. Den Klettverschlußstreifen auf die rechte Seite der Vorhänge kippen (die Seite, die außerhalb des Rahmens zu sehen ist) und an die Klettverschlußstreifen auf der Innenseite des Rahmens drücken.

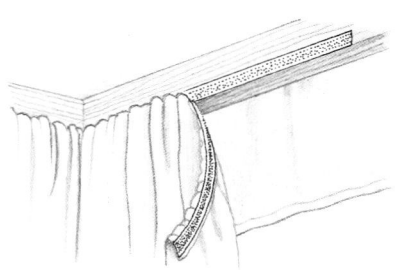

3. Wenn Sie Schienen anstelle von Klettverschluß verwenden, das Faltenband auf der rechten Seite der Laken, dicht unterhalb der Kante, ansteppen. Haken durch die Schlaufen stecken und die Vorhänge an die Schienen hängen.

Einen Schutzbezug mit Volant für das Bett arbeiten

Der Schutzbezug mit Volant kaschiert den Bettrahmen und verschönt den Anblick des Bettes. Man kann ihn mit Rüschen arbeiten oder maßgeschneidert und eng anliegend, mit Quetschfalten an den Ecken. Interessanter wirkt ein glatter Volant mit Zierkante; bei unserem Musterbett haben wir uns für eine gesteppte, zinnenförmige Kante entschlossen, die sich besonders gut für das geometrische Muster unseres Stoffes eignet. Aber auch eine Bogenkante oder eine Zickzack-Kante wären möglich. Die Form der Kante könnte man zum Schlüsselmotiv der Raumausstattung machen, wie wir es bei der Tischtuchkante auf S. 41 gemacht haben, und sie auf dem Querbehang oder an der Unterkante eines losen Stuhlbezuges wiederholen. Wenn Sie eine Couch haben, deren Rahmen fast bis zum Boden reicht,

muß der Volant bis zum Boden reichen. Wenn Ihr Bett auf Beinen steht, versuchen Sie es der Abwechselung halber mit einem etwas kürzeren Volant. Der Stoff für einen glatten Volant muß ziemlich fest sein, aber für den Teil des Schutzbezuges, der unter der Matratze liegt, wäre ein teurer Stoff Verschwendung – hier reicht Vorhangfutter oder Lakenstoff.

Wenn Sie nach einer Möglichkeit suchen, das Bettgestell ohne viel Arbeit möglichst elegant zu kaschieren, kaufen Sie einfach ein großes, helles Laken, das die gleiche Farbe wie Ihr Bettzeug hat oder damit kontrastiert (oder eine einfarbige Bettdecke aus Baumwolle, Leinen oder Spitze) und legen Sie es unter die Matratze, so daß der überschüssige Stoff den Bettrahmen verdeckt und bis auf den Boden fällt.

ARBEITSMATERIAL

Weicher Bezugstoff (für den Volant)
Passendes Nähgarn
Einfaches Baumwoll- oder
Baumwoll/Polyesterfutter
(für den Teil des Volants,
der unter der Matratze liegt)
Nahtband (12 mm breit)

MASSNEHMEN

Länge und Breite des Bettrahmens messen (abgerundete Ecken können Sie später ausgleichen). Das sind die Maße für den mittleren Teil des Schutzbezuges, der die Liegefläche des Bettes bedeckt. Aus Gründen der Sparsamkeit wird dieser Teil, der unsichtbar bleibt, aus einfarbi-

gem Futterstoff oder Lakenstoff gearbeitet. Um sicher zu sein, daß man den Futterstoff von außen nicht sieht, rahmt man ihn mit einer 15 cm breiten Einfassung aus dem Oberstoff. Die Maße des Futterstoffes betragen also Länge mal Breite der Liegefläche abzüglich 30 cm in beiden Richtungen. Für die Einfassung benötigt man vier 17,5 cm breite Streifen vom Oberstoff (15 cm plus 2,5 cm Nahtzugabe) – zwei für die Breite des Bettes plus 2,5 cm Nahtzugabe und zwei für die Länge des Bettes plus 2,5 cm Nahtzugabe.
Der hier abgebildete glatte Volant ist 20 cm lang; dazu kommt eine Zugabe von 2,5 cm. Diese Maße müssen Sie natürlich entsprechend den Maßen Ihres Bettes abändern. Schneiden Sie aus dem Oberstoff Streifen für den Volant und nähen Sie sie aneinander. Insgesamt brauchen Sie zweimal die Länge plus einmal die Breite des Bettes plus 5 cm Saumzugabe.

Bei unserem Bett hat der Volant an den Seiten je acht Laschen und in der Breite sechs. Die Zwischenräume sind etwa genauso breit wie die Laschen, die auf der Abbildung 7,5 cm lang und 13,5 cm breit sind. Auch hier müßten Sie sich nach den Abmessungen Ihres Bettes richten und die Maße möglicherweise ändern. Schneiden Sie für jede Lasche ein Stück Stoff in der gewünschten Breite plus 2,5 cm und doppelt so lang wie die fertige Länge plus 2,5 cm. Wenn Ihr Stoff ein markantes Muster hat, müssen sie die Motive bei der Gestaltung der Laschen berücksichtigen.
Eine andere Möglichkeit wäre, den Volant inklusive Zierkante und Saumzugaben zuzuschneiden – in unserem Fall also 30 cm – und die Zinnenkante auszuschneiden. In diesem Fall müssen Sie für jede Seite zwei identische Volantstreifen zuschneiden, die aneinandergenäht werden (siehe Schritt 8).

1. Zuerst wird der Mittelteil des Schutz-bezuges gearbeitet, der unter der Matratze liegt. Einen der kurzen Streifen des Oberstoffes an eine der kurzen Kanten des Futterstoffes, rechts auf rechts, mit 12 mm Nahtzugabe steppen. Den Streifen an jedem Ende 15 cm hängenlassen. Beim Ansteppen vor und nach jeder Ecke 12 mm freilassen. Den zweiten kurzen Streifen und die beiden langen Streifen auf die gleiche Art und Weise ansteppen.

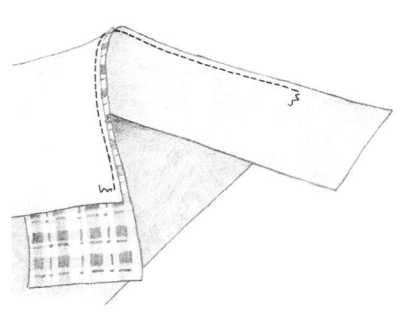

2. Die beiden losen Enden der Einfassungen an den Ecken schräg verarbeiten: zusammenfalten; bügeln. Den überschüssigen Stoff abschneiden, die schrägen Ecknähte von Hand nähen.

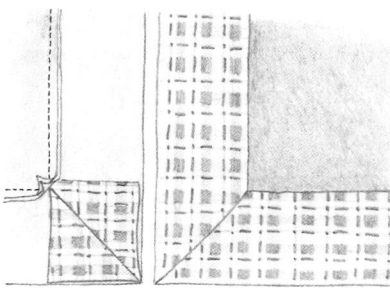

3. Bei einem Bett mit abgerundeten Ecken schneidet man ebenfalls ein Rechteck. Beim Abrunden der Ecken kann man eine Untertasse zu Hilfe nehmen: die Rundung mit einem Bleistift auf dem Futterstoff übertragen, den Stoff entlang der Markierung abschneiden.

4. Die Laschen vorbereiten: den Stoff für jede Lasche der Breite nach in der Mitte zusammenfalten, rechts auf rechts. Die seitlichen Schnittkanten mit einer Nahtzugabe von 12 mm aneinandersteppen. Die rechte Seite nach außen drehen, die Nähte ausbügeln. Die unversäuberten Schnittkanten am oberen Ende der Lasche mit Zickzackstich aneinanderstep-pen.

5. An den schmalen Kanten des Volant-streifens einen Doppelsaum von 12 mm einschlagen, steppen. Mit Stecknadeln oder Schneiderkreide auf der Ober- und Unterkante des Volants die Länge und die Mitte der Seiten und der Breite des Bettes markieren. Die Laschen auf den Volant legen, rechts auf rechts, die Schnittkanten übereinander. Den Musteranschluß be-achten. Eine Lasche an jedem Ende jeder Seite plazieren. Die übrigen Laschen in regelmäßigen Abständen über den noch verbleibenden Raum verteilen. Der Abstand der Laschen von den Ecken sollte halb so groß sein wie die Abstände zwischen den Laschen. Die Laschen anheften, mit einer Nahtzugabe von 12 mm an-steppen.

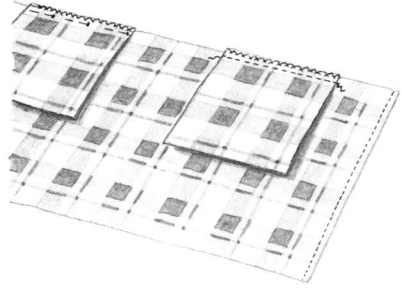

6. Das Nahtband auf der rechten Seite des Volants, dicht an der Schnittkante, anstecken, so daß es auch über die Laschen läuft. Ansteppen.

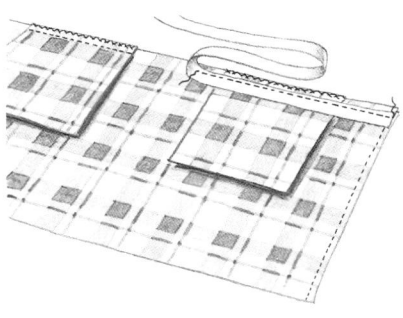

7. Die Kante des Volants 12 mm auf die linke Seite kippen, inklusive Laschen und Nahtband. Das Nahtband wie einen Saum auf der linken Seite des Oberstoffes annähen.

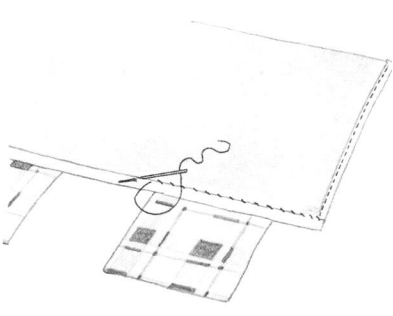

8. Wenn Sie die Zierkante aus einem breiteren Volantstreifen ausschneiden möchten, anstatt die Laschen anzunähen, richten Sie sich beim Ausschneiden der Laschen nach dem Karomuster, falls zu-treffend. Für beide Seiten des Bettes und für das Fußende je zwei identische Vo-lantstreifen schneiden, die Zinnenkante ausschneiden. Je zwei Streifen aufeinan-derlegen, rechts auf rechts, die Laschen genau übereinander. Entlang der Schnitt-kante mit den Zinnen aneinandersteppen. Die rechte Seite nach außen drehen, die Nähte ausbügeln. Die unversäuberten Schnittkanten aneinanderheften.

9. Den Volantstreifen auf die Außenkan-te des Stoffrechteckes für die Liegefläche legen, rechts auf rechts, die Schnittkanten aufeinander. Die Markierungen als Richtlinien benutzen. Stecken. Heften. Steppen.

Vorhänge zum Anbinden

Am einfachsten zu nähen sind Vorhänge ohne Faltenband – man befestigt sie mit einfachen Bändern oder Laschen an der Gardinenstange. (Diese Machart läßt sich nur mit einer Gardinenstange verwirklichen; für ein Schiene braucht man herkömmliches Faltenband und Haken.) Ihre legere, unkomplizierte Machart kann man dadurch unterstreichen, daß man einen leichten Baumwoll- oder Leinenstoff wählt, durch den das Sonnenlicht hindurchschimmert, und auf Raffhalter, Metallrosetten und sonstigen Zierrat verzichtet.

Zum Befestigen der Gardinen kann man Bänder aus dem gleichen Stoff nähen; man kann auch kräftiges Band oder Kordel verwenden. Damit die Außenkanten der Vorhänge nicht nach innen rutschen, befestigt man die äußeren Bänder rechts und links außerhalb der Halterungen der Gardinenstange. Vorhänge mit Bändern oder Schlaufen erfordern weniger Stoffülle als Vorhänge mit Faltenband; man rechnet etwa 1½- bis 2mal die Breite des Fensters.

Unser einfacher, gefütterter Vorhang wurde mit Bändern an der Gardinenstange befestigt und hat einen integrierten Querbehang aus dem gleichen Stoff. Die Länge des Querbehangs hängt von den Proportionen Ihres Fensters ab – der hier abgebildete Querbehang paßt an ein hohes Fenster, er ist etwa 25 cm lang. Da es sich hier um ein hohes, schmales Fenster handelt, haben wir einen einteiligen Vorhang gewählt (ein zweiter, identischer Vorhang hängt an dem Fenster auf der anderen Seite des Bettes).

ARBEITSMATERIAL

Vorhangstoff
Passendes Nähgarn
Futterstoff
Steifleinen, 10 cm breit
Gardinenstange

MASSNEHMEN

Die Breite der Gardinenstange und die erforderliche Länge der Vorhänge von dicht unterhalb der Stange bis zum Boden ausmessen. Für die Breite des Vorhangstoffes rechnet man zweimal die Länge der Gardinenstange plus 8 cm für die seitlichen Säume; zur Länge gibt man die doppelte Länge des Querbehangs, 2,5 cm für den Umschlag an der Oberkante und 10 cm für den Saum an der Unterkante zu.

Für die Breite des Futterstoffes rechnet man die doppelte Länge der Gardinenstange; zur Länge gibt man 2,5 cm für den Umschlag an der Oberkante und 6,5 cm für den Saum an der Unterkante zu.

Die Breite der Bänder ist variabel, sie richtet sich nach dem Stoff. Wir haben sie aus 5 cm breiten und 53,5 cm langen Stoffstreifen gearbeitet. Das bedeutet, die fertigen Bänder waren 2,5 cm breit und pro Hälfte 25,5 cm lang.

Außerdem braucht man einen Streifen Steifleinen in der Breite des fertig genähten Vorhangs.

1. Beginnend an der oberen Schnittkante des Vorhangstoffes, die doppelte Länge des Querbehangs plus 2,5 cm abmessen und an dieser Stelle mit Schneiderkreide oder einem gut angespitzten Bleistift eine waagerechte Linie quer über die linke Seite des Stoffes ziehen. Den Steifleinenstreifen auf die linke Seite des Vorhangstoffes stecken, so daß die Oberkante des Steifleinens mit dieser Linie übereinstimmt und vom Stoff rechts und links 4 cm für die seitlichen Säume des Vorhangs übrigbleiben. Das Steifleinen an den Vorhangstoff anstaffieren (siehe S. 17, Schritt 2).

2. Auf jeder Seite des Vorhangstoffes 4 cm auf die linke Seite kippen; bügeln. Auf jeder Seite des Futterstoffes 2 cm auf die linke Seite kippen; bügeln. An der Oberkante des Futterstoffes 2,5 cm umkippen; bügeln.

3. Den Vorhangstoff an der Oberkante auf die linke Seite kippen, bis die Oberkante 2,5 cm unterhalb des Steifleinenstreifens liegt. Dicht oberhalb des Steifleinenstreifens heften, um den Stoff zu fixieren, wenn man das Futter befestigt.

4. An der Unterkante des Futters einen Doppelsaum von 4 cm einschlagen; bügeln; steppen.

5. Den Futterstoff auf den Vorhangstoff legen, links auf links, so daß die nach innen gekippte Oberkante des Futters mit der Oberkante des Steifleinens abschließt. Die Seitenkanten des Futters an die Seitenkanten des Oberstoffes staffieren.

6. An der Unterkante des Vorhangstoffes 2 cm nach innen umkippen; bügeln. Die restlichen 8 cm der Saumzugabe nach innen einschlagen und mit Fallstich säumen. Der Oberstoff muß 1,5 cm länger sein als das Futter.

7. Den Vorhang nebst Querbehang flach hinlegen, die rechte Seite nach unten. Das Futter an der eingeschlagenen Oberkante entlang der verdeckten Oberkante des Steifleinens an den Oberstoff stecken. Heften. Steppen. Den Querbehang entlang dieser Linie auf die rechte Seite des Vorhangs umschlagen.

8. Für jedes Band zwei Stoffstreifen übereinanderlegen, rechts auf rechts. Die beiden langen und eine kurze Kante mit 12 mm Nahtzugabe aneinandersteppen. Die Ecken abschrägen. Die rechte Seite nach außen drehen. Die Nähte ausbügeln. Den Stoff an den Schnittkanten an dem noch offenen Ende nach innen kippen, mit Fallstich zunähen.

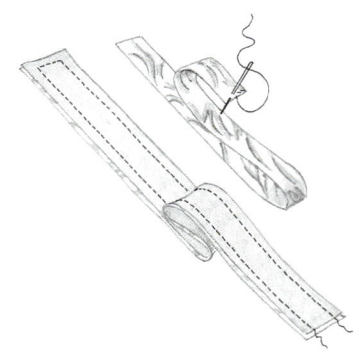

9. Die Bänder in der Mitte knicken und den Knick in regelmäßigen Abständen fest an die Oberkante des Vorhangs nähen.

Der Vorhang harmoniert farblich mit der Umgebung und belebt den betont schlicht gehaltenen Raum durch sein ornamentales Muster. Der einteilige Vorhang hat einen integrierten Querbehang und ist mit Schlaufen an der Gardinenstange befestigt. Die schwarze, schmiedeeiserne Gardinenstange unterstreicht den zeitgenössischen Stil des Interieurs.

SCHACHTELN MIT STOFF BEZIEHEN

Eine elegante Lösung für den Krimskrams, der im Schlafzimmer herumliegt, sind stoffbezogene Schachteln. Sie müssen natürlich einigermaßen stabil und robust sein – gewöhnliche Schuhkartons sind nicht stark genug, aber Karteikästen oder Vorratkartons aus dicker Pappe sind ideal. Auch die Kartons, in denen das Papier zum Fotokopieren geliefert wird, sind stabil genug und wegen ihrer Größe vielseitig verwendbar. Ähnlich ist es mit dem Bezugstoff – am besten eignen sich schwere, strapazierfähige Stoffe, die nicht ausfransen. Entweder man bezieht alle Schachteln mit dem gleichen Stoff oder mit aufeinander abgestimmten Stoffen oder man wählt ein gemeinsames Thema. Wir haben uns für verschiedene Karomuster entschieden, aber natürlich können Sie auch florale Motive oder Paisley-Muster wählen oder, für das Kinderzimmer, die Lieblingsfiguren aus Märchen oder Kinderreimen. Falls Sie sich für gleich große Schachteln entscheiden, könnten Sie verschiedene Bezugstoffe zur Identifizierung des Inhalts wählen.

Eine Auswahl von Behältnissen in verschiedenen Größen und Formen ist praktisch und sieht gut aus: kleine Kästchen für Ohrringe und Nadeln, mittelgroße Kartons für Handschuhe, Gürtel, Schals oder Briefe und Fotos – und besonders große für Bettwäsche und Kleidungsstücke der jeweils anderen Saison.

Zusätzlicher Stauraum in dieser knappen, tragbaren Form kann sich auch für die übrigen Räume des Hauses als äußerst praktisch erweisen – im Badezimmer für Seifen, in der Küche für ausgeschnittene Rezepte, in der Nähecke als attraktive Alternative zum Nähkorb, in einem Wintergarten, in dem auch gepflanzt wird, zum Aufbewahren von Samenpäckchen oder Katalogen und im Arbeitszimmer für das Schreibzeug.

ARBEITSMATERIAL

Karton oder Pappschachtel mit Deckel
Mittelschwerer Bezugstoff
Leichter Futterstoff (wahlweise)
Versteifer (für Rollos – wahlweise)
Farbloser PVA-Kleber (Polyvinylacetat)
Messingschild für auswechselbare
Etiketten nebst Schrauben

Der Maßstab der Muster, die man für die stoffbezogenen Kästen wählt, muß zu ihrer Größe passen: für jedes Exemplar unserer Garnitur haben wir einen Baumwollstoff mit verschieden großen Karos gewählt. Sollten Sie viele Kästen zu beziehen haben, wäre ein Streifen oder ein abweichendes Muster eine Bereicherung der Kollektion.

1. Den Bezugstoff für die Schachtel nach den genauen Maßen zuschneiden: bei den Schmalseiten rundherum 12 mm zugeben; bei den Längsseiten 12 mm nur oben und unten zugeben; den Stoff für die Unterseite ohne Zugaben zuschneiden. Für den Deckel die Oberfläche und die Höhe der Seitenkanten messen; ein Stück Stoff zuschneiden, das so lang ist wie der Deckel plus viermal die Höhe der Seitenkanten und so breit wie der Deckel plus viermal die Höhe der Seitenkanten.

2. Wenn Sie die Schachtel füttern möchten, schneiden Sie den Stoff nach den Maßen des Bodens plus zweimal die Höhe der Seitenwände minus 6 mm auf allen Seiten. An jeder Ecke ein Quadrat aus dem Stoff herausschneiden, dessen Seiten der Höhe der Seitenwände minus 3 mm entsprechen. Ein zweites Stück Stoff nach den genauen Maßen der Deckeloberfläche zuschneiden.

3. Um dem Ausfransen des Stoffes vorzubeugen, können Sie die Schnittkanten mit Versteifer für Rollos einsprühen, bevor Sie den Stoff aufkleben.

4. Vor dem Aufkleben bei den Stoffstücken für die Schmalseiten an allen vier Ecken ein Quadrat von 12 mm herausschneiden. Die beiden Stücke mit farblosem PVA(Polyvinylacetat)-Kleber auf die Schmalseiten der Schachtel kleben. In der Mitte beginnen, nach außen streichen. Den überlappenden Stoff auf die Längsseiten, auf die Innenseite der Schachtel bzw. auf die Unterseite umkippen und andrücken.

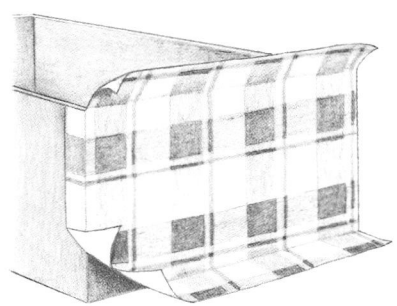

5. Als nächstes die beiden Längsseiten bekleben: den Stoff in der Mitte anlegen, nach außen streichen. Den überlappenden Stoff auf der Innenfläche, bzw. auf der Unterseite der Schachtel andrücken. Den Bezugstoff für die Unterseite aufkleben. Um das Ausfransen des Stoffes zu verhindern, besonders viel Klebstoff auf die Schnittkanten auftragen.

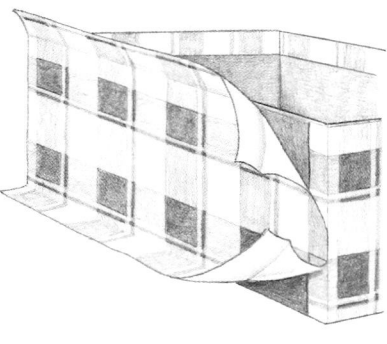

6. Wenn Sie die Schachtel füttern, den Futterstoff auf den Boden der Schachtel kleben, den überlappenden Stoff an den Seiten hochführen und andrücken. Darauf achten, daß die Kanten exakt an den Ecken aufeinandertreffen.

7. Aus dem Bezugstoff für den Deckel an allen vier Ecken ein Quadrat ausschneiden, dessen Seiten der doppelten Höhe der Seitenkanten des Deckels entsprechen. Den Stoff auf den Deckel kleben. In der Mitte beginnen, zu den Seiten ausstreichen. Den überlappenden Stoff über die Kanten auf die Innenseite kippen und bis zur Oberfläche des Deckels führen.

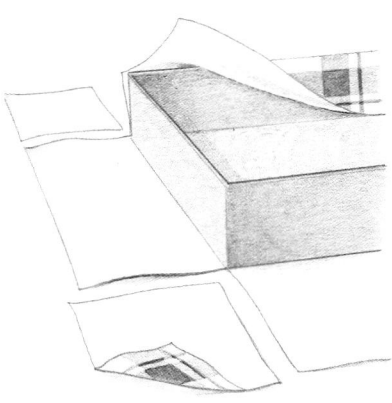

8. Das Messingschild an eine der Schmalseiten des Kartons anschrauben und das Etikett hineinschieben.

WANDSCHIRME MIT STOFFBESPANNUNG ARBEITEN

Zu den altehrwürdigen Ausstattungsstücken, die vor Zugluft schützen und die Privatsphäre abschirmen sollten, gehörte der Wandschirm mit Scharnieren. Die hohen Wandschirme – mit acht bis zwölf Paneelen – definierte man historisch gesehen als Wandschirme gegen Zugluft (obwohl die sehr großen Exemplare in Wirklichkeit tragbare Trennwände waren) und die niedrigen als Stuhlschirme. Im großen und ganzen hatten beide die gleichen Funktionen, man schätzte sie aber auch, ähnlich wie Bettvorhänge, wegen ihres großen dekorativen Wertes, denn sie waren meist mit kunstvollen Stickereien oder Tapisserien geschmückt.

In einem modernen Schlafzimmer kann ein hübscher Wandschirm sehr nützlich sein, wenn man einen unansehnlichen aber unentbehrlichen Schrank, eine Ankleideecke oder ein Waschbecken kaschieren möchte. Wenn Sie ein Fenster mit einer wunderschönen Aussicht haben, verzichten Sie auf Vorhänge und Rollos und stellen vor dem Schlafengehen einfach einen Wandschirm davor. Ein Stellschirm zwischen Bett und Wand kann sehr dekorativ sein und das Kopfbrett des Bettes ersetzen. Und auch in anderen Räumen können Wandschirme sehr nützlich sein, wenn man zum Beispiel in einem großen Wohnraum einen Bereich für eine bestimmte Tätigkeit abteilen möchte – vielleicht eine Eßecke oder einen Arbeitsplatz.

Es gibt zwei Grundtypen von Wandschirmen, die man leicht selbermachen kann. Der eine besteht aus leichten, flachen Holzplatten, die mit Stoff bezogen und mit Scharnieren verbunden werden; sie wirken schlicht und sachlich. Der zweite Typ besteht aus Holzrahmen, die mit gekräuselten Stoffbahnen bespannt werden; sie wirken gefälliger und weniger streng. Wenn Sie Glück haben, finden Sie irgendwo einen alten, gut erhaltenen Wandschirm, der lediglich neu bezogen werden muß.

Wenn Sie sich für einen glatten Wandschirm entschieden haben, beziehen Sie jede Platte mit Stoff und befestigen ihn mit Ziernägeln auf den Kanten. Oder Sie verwenden einen Tacker, wie wir es getan haben, und verdecken die Klammern später mit Band, Borte, Gimpe oder einer Zierleiste. Wenn Sie einen gepolsterten Wandschirm arbeiten wollen, kleben Sie vor dem Beziehen eine Schicht synthetische Füllwatte auf beide Flächen.

Der Vorteil eines Wandschirms mit gekräuselter Stoffbespannung liegt darin, daß man den Stoff verhältnismäßig leicht abnehmen kann – wenn man ihn waschen will oder durch einen neuen ersetzen möchte. Auch mit leichten, durchsichtigen Stoffen wie Spitze oder Musselin oder mit traditionellem Chintz ist diese Variante recht attraktiv. Wenn Ihr Wandschirm von beiden Seiten gleich aussehen soll, nehmen Sie für jeden Rahmen zwei Stücke Stoff und verarbeiten ihn mit der linken Seite nach innen.

Mit Möbelgleitern an den Unterkanten lassen sich die Wandschirme leicht hin und her bewegen, was besonders bei den schweren Exemplaren wichtig ist.

Als Besatz für unseren Wandschirm haben wir eine einfache, beigefarbene Borte gewählt, um die Aufmerksamkeit nicht von dem karierten Stoff abzulenken. Man könnte die Paneele natürlich auch mit einem unifarbenen Stoff beziehen und eine mehrfarbige oder kontrastierende Borte wählen.

EINEN WANDSCHIRM MIT GLATTER BESPANNUNG ARBEITEN

ARBEITSMATERIAL

*Drei fertig zugeschnittene Dreischicht-
platten aus Kiefernholz, 2,5 cm stark
(Auskunft beim Heimwerker-Markt – die
MDF-Platten sind viel zu schwer, da
kann man keine Schrauben reinkriegen)
Stoff zum Beziehen
Tacker und Klammern
Gimpe oder andere Borte
Alleskleber und ein
2,5 cm langer Malerpinsel
Sechs Lamellentür-Scharniere
(Auskunft siehe oben)
Sechs Möbelgleiter*

MASSNEHMEN

Die drei Holzplatten müssen im Verhältnis zu ihrer Höhe breit genug sein, damit sie nicht umkippen; sie dürfen aber nicht zu groß sein, sonst wird der Wandschirm zu schwer. Die hier abgebildeten Platten sind 160 cm hoch und 55 cm breit – eine optimale Größe.

1. Die Holzplatten kann man fertig zugeschnitten kaufen. Für jede Platte zwei Stücke Stoff mit einer Nahtzugabe von 12 mm rundherum zuschneiden. (Man kann auch pro Platte ein Stück Stoff mit einer Nahtzugabe von 12 mm rundherum zuschneiden und es in der Mitte zusammenfalten.)

2. Eine Platte auf den Boden legen. Ein Stück Stoff mit Tacker und Klammern an den Seitenkanten befestigen: In der Mitte der Ober- und Unterkante beginnen; den Stoff fest spannen, gerade ziehen und die nächsten Klammern in die Mitte der Seitenkanten setzen. Die weiteren Klammern an Ober- und Unterkante, von der

Mitte zu den Ecken, und an den Seitenkanten, ebenfalls von der Mitte zu den Ecken, setzen. Den Stoff an den Ecken ordentlich übereinanderfalten.

3. Die Platte auf die andere Seite drehen und die Prozedur wiederholen. Die Klammern mit einer Borte rundherum verdecken: Den Klebstoff auf die Schnittkanten und auf die linke Seite der Borte streichen. Die Borte rundherum an die Kanten andrücken. Die gerade geschnittenen Enden der Borte treffen sich auf der Unterkante der Platte, etwa 13 mm von einer Ecke entfernt.

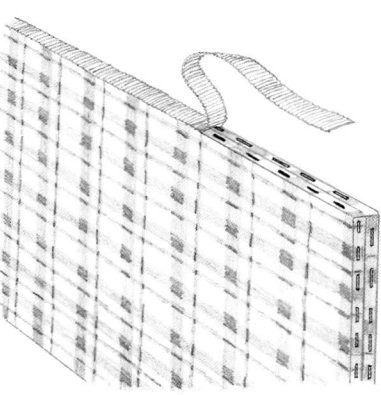

4. Die beiden anderen Platten auf die gleiche Art und Weise fertigstellen. Flach hinlegen. Trocknen lassen.

5. Drei Scharniere an je zwei benachbarte Platten anschrauben: Das erste Scharnier mit der Oberkante 13 mm von der Oberkante der Platte entfernt, das zweite ebenso weit von der Unterkante entfernt, das dritte in der Mitte. Die benachbarte Platte an die andere Hälfte der drei Scharniere anschrauben. Den Vorgang mit den anderen drei Scharnieren wiederholen und die dritte Platte befestigen. Die Möbelgleiter mit dem Hammer auf der Unterkante der Platten einschlagen, zwei pro Platte, jeweils 12,5 cm von der Ecke entfernt, so daß die Nahtstelle der Borte verdeckt ist.

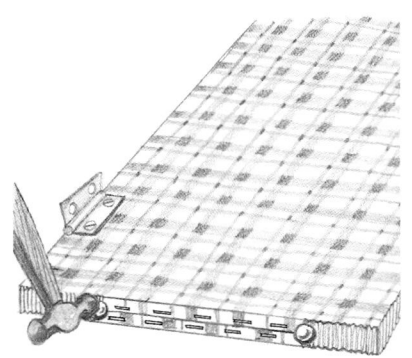

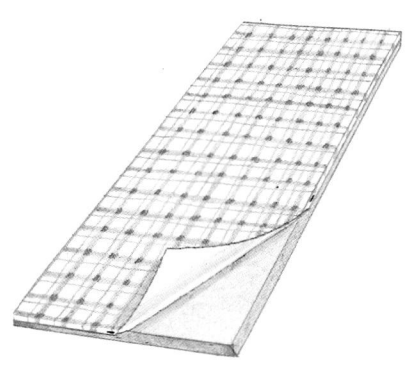

EINEN WANDSCHIRM MIT GEKRÄUSELTER BESPANNUNG ARBEITEN

ARBEITSMATERIAL

*Drei Holzrahmen in der gewünschten
Größe
Zwölf Ringschrauben
Sechs elastische Stahlseile, an denen der
Stoff innerhalb des Rahmens befestigt
wird
Zwei aufeinander abgestimmte, gleich
schwere Stoffe von gleichem Charakter
Sechs Lamellentüren-Scharniere
Sechs Möbelgleiter*

MASSNEHMEN

Messen Sie die lichte Höhe und Breite der Holzrahmen. (Pro Rahmen brauchen Sie ein Stück von jedem der beiden Stoffe, so lang wie die Höhe des Holzrahmens plus 8,5 cm und doppelt so breit wie der Rahmen, weil der Stoff gekräuselt wird.)

1. Die vier Ringschrauben in den Rahmen schrauben, 2,5 cm von der Oberkante bzw. der Unterkante entfernt.

2. Je ein Stück der beiden aufeinander abgestimmten Stoffe aufeinanderlegen, rechts auf rechts. Die Seitennähte zusammenstecken, bis zu den oberen und unteren Schnittkanten jeweils 9 cm freilassen. Heften. Steppen.

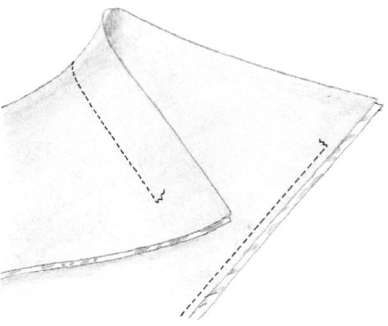

3. Die rechte Seite nach außen drehen. Die ungenähten Enden der Seitenkanten oben und unten nach innen kippen; bügeln. An den Ober- und Unterkanten 5 cm Stoff nach innen kippen; mit Saumstich befestigen.

4. Für die obere Futteralkante werden drei Reihen gesteppt: Eine dicht an der Bruchkante, die zweite 2,5 cm davon entfernt, die dritte 3,7 cm davon entfernt. Die Prozedur an der Unterkante wiederholen.

5. Das Stahlseil durch die obere und untere Futteralkante ziehen, den Stoff kräuseln. Die Stoffbespannung auf den Stahlseilen an den Ringschrauben befestigen. Die Prozedur bei den beiden anderen Rahmen wiederholen. Die Rahmen mit den Scharnieren verbinden und die Möbelgleiter an dem fertigen Wandschirm anbringen.

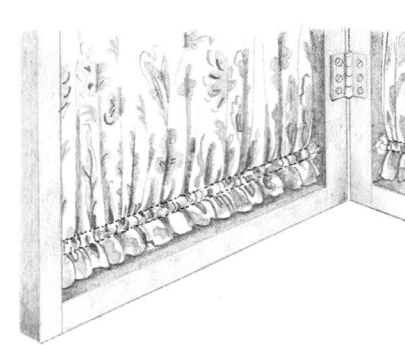

GEPOLSTERTE KLEIDERBÜGEL MIT SACHETS ARBEITEN

Wenn Sie Ihrer Garderobe etwas Gutes antun wollen und gleichzeitig Ihren Kleiderschrank durch einen angenehmen Duft bereichern möchten, arbeiten Sie ein paar stoffbezogene, gepolsterte Bügel und hängen an jeden ein duftendes Sachet. Es muß nicht unbedingt aus dem gleichen Stoff sein wie der Bügelbezug, es muß nur dazu passen. Gepolsterte Bügel sind auch als besondere Geschenke oder originelle Beiträge zu Kirchen- oder Schulbasaren sehr beliebt.

Die gepolsterten Bügel bestehen aus ganz gewöhnlichen Holzbügeln, sie werden mit einem Streifen synthetischer Füllwatte umwickelt und in ein Stoffutteral gesteckt. Die Sachets kann man als kleine Beutel mit Banddurchzug arbeiten oder auch kreisrund, quadratisch oder in

Herzform. Wählen Sie einen verhältnismäßig leichten Stoff in Uni oder mit einem kleinformatigen Muster und verarbeiten Sie Bügel und Sachet ganz glatt und ohne Verzierungen; oder garnieren Sie beides mit Spitze, Band oder Lochstickerei.

Wenn die Sachets fertig sind, füllen Sie sie mit getrockneten Lavendelblüten oder Duftkräutern; hängen Sie sie an ein Spitzen- oder Satinband oder arbeiten Sie ein Band aus dem Bezugstoff. Diese kleinen, duftenden Beutel kann man auch zwischen die Wäsche legen oder in den Wäscheschrank zwischen Laken und Kopfkissen. Wenn Ihr Stoff nicht dicht genug ist für die Lavendelblüten, stecken Sie einen kleinen Sack aus Musselin in das Sachet.

ARBEITSMATERIAL

Für den Bügel:
Einfache Kleiderbügel aus Holz
Mittelschwere Füllwatte aus Polyester
Bezugstoff
Passendes Nähgarn

Für das Sachet:
Dichtgewebter Stoff
Passendes Nähgarn
Band zum Befestigen
Getrocknete Lavendelblüten oder ein
Duft-Potpourri
Getrocknete Lavendelzweige
(wahlweise)

Wir haben das Ausstattungskonzept durch ein paar Kleinigkeiten wie diesen gepolsterten Kleiderbügel vervollständigt, dessen Bezugstoff auf die übrigen Accessoires im Raum abgestimmt ist. Man könnte auch Stoffreste verwenden, die von anderen Näharbeiten übriggeblieben sind. Zusätzlich haben wir aus feinem Musselin ein kleines Duftkissen gearbeitet.

EINEN BÜGEL BEZIEHEN

1. Einen Streifen Füllwatte, ungefähr 10 × 90 cm, um den hölzernen Teil des Bügels wickeln, von einem Ende zum anderen. Darauf achten, daß die Enden gut gepolstert sind, und die Wattierung gleichmäßig verteilen. (Falls erforderlich, die Wattierung mit ein paar Stichen festhalten oder mit einem Faden umwickeln.)

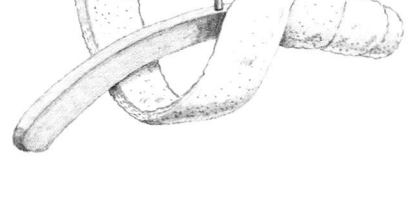

2. Ein Stück Stoff zuschneiden: 15 cm breit und so lang wie der Bügel plus l0 cm Zugabe. Den Stoff der Länge nach zusammenfalten, die kurzen Enden halbkreisförmig zuschneiden – den Halbkreis vorher mit einem Glas markieren.

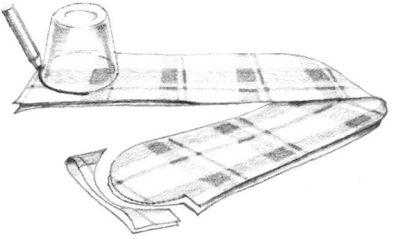

3. Den Stoff zusammengefaltet lassen, rechts auf rechts. Die kurzen Enden mit einer Nahtzugabe von 12 mm zusteppen.

4. Die rechte Seite nach außen drehen, an den langen Kanten eine Nahtzugabe von 12 mm nach innen kippen; bügeln. Den Stoff über den Bügel ziehen. Die gebügelten Kanten über dem Bügel zusammenziehen und mit einfachem Heftstich oder Fallstich sauber zusammennähen (siehe S. 24 und 18), je nachdem welchen Effekt man anstrebt.

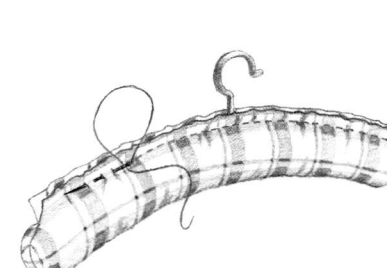

EIN SACHET FÜR DEN KLEIDERSCHRANK ARBEITEN

1. Ein Stück Stoff in den Maßen 10 × 33 cm zuschneiden.

2. Den Stoff der Breite nach zusammenfalten, rechts auf rechts. Die Seitenkanten mit einer Nahtzugabe von 12 mm aneinandersteppen. Die Schnittkanten versäubern.

3. Rund um die Oberkante des Sachets einen Doppelsaum von 6 mm einschlagen und mit Fallstich befestigen.

4. Ein Stück Band, etwa 75 cm lang, abschneiden. Es muß so lang sein, daß man das Sachet mit einer Schleife am Bügel befestigen kann.

5. Ein Stück Band, etwa 50 cm lang, abschneiden. Damit wird das Sachet zugebunden.

6. Die Mitte des kürzeren Bandes an der hinteren Mitte des Sachets, etwa 50 cm unterhalb der Oberkante, mit ein paar Stichen befestigen.

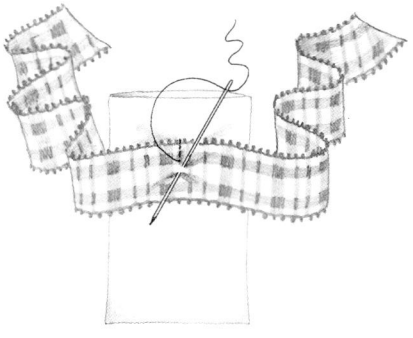

7. Das längere Band in der Mitte zusammenfalten. Den Knick im rechten Winkel auf den festgenähten Teil des ersten Bandes stecken und mit ein paar Stichen durch Band und Sachet befestigen, so daß die losen Enden zur Oberkante hinzeigen.

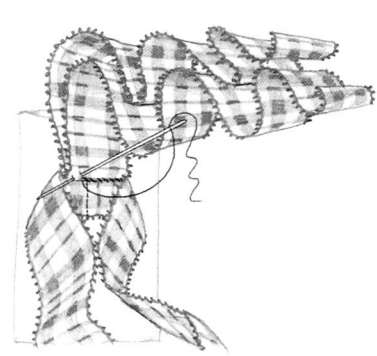

8. Das Sachet zur Hälfte mit Lavendel oder einem Duft-Potpourri füllen und das untere Band mit einer Schleife zubinden.

9. Das Sachet mit dem längeren Band am Bügel befestigen, eine Schleife binden und einen Zweig getrockneten Lavendel durch die Schleife stecken.

BETTWÄSCHE MIT ZIERKANTEN

Wenn Sie Ihrer Bettwäsche eine persönliche Note geben wollen, garnieren Sie sie mit einer Zierkante. Klassische, weiße Bettwäsche aus Baumwolle oder Leinen können Sie mit schmaler oder breiter Baumwollspitze veredeln: Sie können die Kante eines Überschlaglakens mit schmaler Baumwollspitze absetzen oder den Saum eines Kopfkissens mit einer Lochstickereikante schmücken.

Noch besser kommt die Zierkante zur Geltung, wenn Sie die Bordüre nicht mit der Außenkante abschließen lassen, sondern sie ein paar Zentimeter vom Rand entfernt anbringen, wie unser Foto zeigt. Diese Lösung eignet sich besonders gut für ein Überschlaglaken, weil die feine Zierkante an dieser Stelle am besten zur Geltung kommt. Breite Spitze oder ein breites Band nähen Sie am besten an beiden Kanten von Hand oder mit der Maschine mit Zickzack-Stich an. Bei einem sehr schmalen Zierstreifen reicht eine Maschinennaht in der Mitte.

Es ist wichtig, daß Sie nur Einfassungen verwenden, die wiederholtes Waschen und Bügeln bei hohen Temperaturen aushalten. Wenn Sie nicht sicher sind, testen Sie ein paar Zentimeter, bevor Sie sich zum Kauf entschließen.

Welche Art von Einfassung Sie auch wählen – waschen Sie sie auf alle Fälle, bevor Sie sie verarbeiten, um ganz sicher zu sein, daß sie nicht einläuft.

EINEN KISSENBEZUG MIT KNÖPFEN ARBEITEN

Ein eleganter Kissenbezug, der ebenfalls leicht zu nähen ist, hat die Form eines Briefumschlages. Er eignet sich für jede Kissenform mit geraden Seiten. Man arbeitet ihn aus einem einzigen Stück Stoff, das so breit ist wie das Polster plus Nahtzugaben – und 2½mal so lang. Das Stoffrechteck zusammenfalten, rechts auf rechts, so daß sich eine Tasche mit Überschlag ergibt, in die das Polster hineinpaßt. Die Seitenkanten aneinandersteppen. Die rechte Seite nach außen drehen. Die Schnittkanten des Überschlags säumen, über das Kissen klappen. Wir haben den Überschlag mit ein paar Hornknöpfen befestigt, statt dessen kann man auch Druckknöpfe oder Bänder verwenden. Man kann den Überschlag auch dreieckig gestalten oder die Kante abrunden und den Umschlag mit einem originellen Knopf, einem Band oder einem Knebel schließen.

Die Tasche, die die Form eines Briefumschlags hat, ist übrigens genauso gearbeitet wie die altmodischen Beutel, die man einst für Pyjamas oder Nachthemden verwendete – mit dem Unterschied, daß sie hier als Kissenbezug dienen. Schauen Sie sich in Trödlerläden oder auf Flohmärkten nach alten Leinen- oder Stickereibezügen um; dann brauchen Sie nur noch ein passendes Polster hineinzulegen, und das Kissen ist fertig. Schließen Sie die Öffnung mit Fallstich oder verwenden Sie Druckknöpfe oder einen Klettverschluß, damit Sie das Polster zum Waschen herausnehmen können.

Im Rahmen unserer zurückhaltenden, zeitgenössischen Ausstattung haben wir für die Kissenbezüge große Perlmuttknöpfe gewählt – etwas aufwendigere oder ungewöhnliche Exemplare könnten ein Dekorationselement für sich darstellen. Man könnte zum Beispiel kostbare, antike Knöpfe verwenden, wenn sie für ein Kleid oder eine Jacke nicht mehr reichen.

Mit Vorhangclipsen aus Messing läßt sich ein kostbares, altes Leinenlaken in einen Vorhang mit einem langen, integrierten Querbehang verwandeln.

Diese kostbaren Kragen haben wir in einem Trödlerladen ausgegraben.

VORHÄNGE OHNE EINEN STICH ZU NÄHEN

Die Fenster mit Vorhängen verkleiden ohne einen Stich zu nähen ist keine Kunst, wenn Sie bereits gesäumte Stoffquadrate oder -rechtecke, ungefähr in der erforderlichen Größe, haben. Laken (wie die Exemplare aus französischem Leinen mit Monogramm, die wir verwendet haben), Tischdecken oder Spitzenstores eignen sich ebenso gut wie große Tücher oder Schals für kleine Fenster. Sie müssen sie nur noch mit großen Messingclipsen, wie man sie für Schaustücke verwendet, an Ihrer Gardinenstange befestigen. (Diese Clipse gibt es in verschiedenen Größen, aber sie sind nicht geeignet, viel Gewicht zu tragen, und deshalb eignet sich diese Methode nicht für schwere Stoffe oder große Fenster.)

TEXTILIEN ALS WANDDEKORATION

Wenn Sie wieder mal die Trödlerstände auf dem Flohmarkt durchforsten, schauen Sie sich nach ein paar Stücken alter Spitze, nach einem Kragen oder nach Manschetten um – die separat verkauft werden oder zu einem Kleidungsstück gehörend, das zu fadenscheinig ist, als daß man es noch für irgendeinen Zweck verwenden könnte. Waschen Sie die Spitze vorsichtig und lassen Sie sie mit einem Passepartout rahmen (oder tun Sie es selbst) und hängen Sie sie wie ein traditionelles Bild an die Wand. Auch ein paar Stücke schöner Spitze (oder Spitzenborte), in Reihen angeordnet, können zauberhaft aussehen.

Unterlegen Sie die Spitze mit einem Hintergrund, der nicht zu sehr mit ihr kontrastiert, aber ihr kunstvolles Muster zur Geltung bringt. Am schönsten wäre ein Stück Samt, denn der Flor verhindert, daß die Spitze verrutscht. Auch Tapete oder ein Stoff mit sehr kleinformatigem Muster wäre ein effektvoller Untergrund; wählen Sie ein Muster, das an anderer Stelle im Raum vorkommt – oder völlig eigenständig ist.

Wenn Sie das Glück haben, ein wunderschönes, altes Kleidungsstück zu besitzen oder aufzustöbern, das zu hinfällig oder zu unpraktisch zum Tragen ist, könnten Sie es anstelle von Bildern an die Wand hängen. Oder hängen Sie eine seidene Bettjacke oder einen Kimono an einen Holzdübel, den Sie durch die Ärmel stecken, oder drapieren Sie ein gesticktes Tuch über Dübel, so daß sich eine dreieckige Tapisserie ergibt. Auch eine Sammlung von Abendtaschen mit prächtiger Perlenstickerei oder von altmodischen Hüten wäre ein eindrucksvoller Blickfang.

In unserer Küche haben wir schlichte Geschirrtücher aus Leinen in Kissenbezüge und Vorhänge verwandelt (siehe S. 53f und 58f) – natürlich kann man sie genausogut in anderen Räumen verwenden. Hier ist ein besonders großes Küchenhandtuch über einen Wäschekorb gebreitet, der als Nachttisch dient. Wenn Ihnen das Muster gefällt, könnten Sie zum Beispiel viele gestreifte oder karierte Geschirrtücher zu einer riesengroßen Bettdecke verarbeiten und sie mit einem Volant aus dem gleichen Stoff rundherum verzieren. Ebenso frisch wirkt die Kollektion aus spröden, rot-weiß gemusterten Ginghamstoffen auf dem Bett (oben), denen die weiße Leinenrüsche einen femininen Touch verleiht.

OBEN: Eine wahre Invasion von Regency-Streifen beherrscht den in ein Zelt verwandelten Raum, der auch zu Zeiten von Napoleons Feldzügen nicht fehl am Platz gewesen wäre. Die hängemattenähnlichen Betten und ihre Baldachine sind an Pfosten aufgehängt, die die Form gekreuzter Lanzen haben und sich, wie die Stühle und Hocker, ganz authentisch zusammenfalten und verstauen lassen – damit man sie, rein theoretisch, zum nächsten Kriegsschauplatz transportieren kann.

GEGENÜBERLIEGENDE SEITE: Wenn kahle weiße Wände in Ihnen den Wunsch wecken, auf der Stelle etwas dagegen zu tun, verdecken Sie sie mit ein paar Tartandecken. Die Fransenkanten der vier Decken an der Wand wurden als integrierte Querbehänge nach vorn umgeschlagen. Die Muster der vier Decken an der Wand und der Bettdecke fließen ineinander, sie verwandeln den kleinen, schlichten Raum in ein Plaidparadies. Die Aussagekraft der Tartanmuster steht derjenigen der Möbel im Colonial Style in nichts nach.

Kinderzimmer

Das ideale Kinderzimmer sollte nicht nur ein geeigneter Ort zum Spielen sein, es sollte die lebhafte Phantasie des Kindes anregen, Geborgenheit und Behaglichkeit ausstrahlen und eine Atmosphäre schaffen, die zum Entspannen und Lesen verführt und einen ruhigen Nachtschlaf fördert. Jedes Ausstattungselement muß leicht zu reinigen und strapazierfähig sein und in jeder Hinsicht absolut sicher. Glücklicherweise gibt es eine enorme Auswahl an speziell für das Kinderzimmer entworfenen Stoffen und Sitzmöbeln, die alle diese Kriterien erfüllen und die es Ihnen leicht machen, ein Kinderzimmer einzurichten, das die Träume Ihres Kindes erfüllt.

Noch vor wenigen Generationen wäre das nicht möglich gewesen. Erst in spätviktorianischer und zu Beginn der edwardianischen Epoche – einer Zeit, die viele für das goldene Zeitalter des Kinderzimmers halten – erschienen Stoffe und Tapeten auf dem Markt, die speziell für die Bedürfnisse und Interessen des Kindes geschaffen worden waren. Es ist noch nicht allzu lange her, daß man die Kinderzimmer mit ausrangierten Dingen aus anderen Räumen ausstattete – mit Stuhlungetümen, mit verkratzten Tischen und abgewetzten Teppichen, die über die Zeit hinaus waren, da zusätzliches Mißgeschick ihnen noch Schaden zufügen konnte.

Heutzutage stellen uns die modernen Technologien und das Design Materialien zur Verfügung, die nicht nur sehr hübsch aussehen, sondern auch Mißhandlungen widerstehen, die nur energiegeladene Jugendliche ihnen zufügen können. Wir haben ein paar dieser Mate-

Das Zeltbett in diesem Kinderzimmer paßt sich perfekt dem Zirkusthema des Ausstattungkonzepts an, aber wie alle Elemente in diesem Raum läßt es verschiedene thematische Ausgestaltungen zu – vom Schloß einer Prinzessin bis zu einem Apachen-Wigwam oder einer Raumstation. Es würde sogar in ein normales Erwachsenen-Schlafzimmer mit leicht unkonventionellem Touch passen, vielleicht mit einer Bettverkleidung aus antikem *Toile de Jouy.*

rialien ausgewählt und ein reizendes Zirkusthema für das Zimmer eines Kleinkindes kreiert. Mittelpunkt des Themas ist ein zauberhaftes Bett, das wie ein Zelt gestaltet ist, ergänzt durch originelle Kissen, einen Jumbo-Sitzsack, einen geräumigen Spielzeugsack und eine Garnitur Bettwäsche in farbenfrohen Mustern und Streifen, die sich perfekt in die Stimmung des Raumes einfügen.

Wenn Ihr Sprößling sich nicht für solchen Kinderkram begeistern kann, wählen Sie ein anderes Thema, vielleicht einen Bauernhof mit Kühen, Schweinen, Enten und Schafen in Form von ausgestopften Tieren, aufgemaltem Dekor, ergänzt durch entsprechend gemusterte Stoffe nebst Bettzeug. Oder nehmen Sie ein Tier, das Ihr Kind besonders gern mag, als Thema – vielleicht einen Frosch, um den herum Sie das Raumkonzept entwickeln, und machen Sie sich den Spaß, Frösche in den verschiedensten Gestalten, als Marionette, als Schwamm oder als Holzschnitzerei aufzustöbern. Oder wie wäre es, wenn Sie ein paar Lieblingsfiguren aus einem Buch, das Ihr Kind besonders mag, oder aus einem Film in den Mittelpunkt der Dekoration stellen?

SICHERHEITS-CHECKLISTE

• Vergewissern Sie sich, daß alle Spielsachen und alle Dekorationen den EC-Spielzeugrichtlinien der EU entsprechen (TÜV-geprüft sind). Dazu gehören auch ungiftige Farben und glatte Holzoberflächen.
• Wählen Sie schwer entflammbare Materialien.
• Vergewissern Sie sich, daß alle Stoffe waschbar und alle Oberflächen abwaschbar und alle Bezüge abnehmbar und waschbar sind.
• Vermeiden Sie alle Verzierungen, die das Kind in Erstickungsgefahr bringen könnten.
• Vergewissern Sie sich, daß alle Knöpfe, Pompons und sonstige Verzierungen so fest sitzen, daß die winzigen Finger sie auf keinen Fall losdrehen können. Kleine Kinder stecken alles in den Mund, und ein Garnkügelchen ist schnell verschluckt und bringt das Kind in Erstickungsgefahr.
• Achten Sie darauf, daß Raffhalter oder Kordeln, Haken oder Bettpfosten außerhalb der Reichweite von Kleinkindern angebracht werden.
• Man sollte einem Kind kein Kopfkissen und keine Steppdecke geben, bevor es ein Jahr alt ist.
• Vergewissern Sie sich, daß alle potentiellen Verstecke wie Spielzeugkisten gut belüftet sind und daß das Kind sich nicht selbst darin einschließen kann.

EIN ZELTBETT KONSTRUIEREN

Kreieren Sie für Ihr Kind die magische Welt der Clowns und Seiltänzer und verwandeln Sie das Bett im Kinderzimmer in ein Zirkuszelt. Von der Form und der Konstruktion her läßt es sich leicht in das Schloß einer Prinzessin, ein Puppenhaus, eine Raumstation oder einen Apachen-Wigwam verwandeln. Wenn Sie einen etwas anderen Effekt erzielen möchten, lassen Sie die Pompons weg und ersetzen Sie die Zickzack-Kante durch eine Bogenkante – oder lassen Sie die Kante ganz glatt, damit Sie sie später mit einer etwas erwachseneren Garnierung – zum Beispiel mit einer Fransen- oder Quastenborte oder etwas ganz anderem verzieren können.

Der Rahmen des Zeltes wird aus stabilen Vierkanthölzern konstruiert, sie werden fest zusammengeschraubt und im Bettgestell verankert. Das Holzgestell muß, vor allem im Hinblick auf Sicherheit, sorgfältig konstruiert werden – eine Aufgabe für einen professionellen Schreiner oder einen sehr begabten Hobbyhandwerker. Die Schienen werden innerhalb des Rahmens, der Baldachin auf der Außenseite des Rahmens angebracht. Der Bezug und die Vorhänge werden separat genäht und so befestigt, daß man sie jederzeit zum Reinigen abnehmen kann.

Wenn Ihr Kinderzimmer sehr klein ist, können Sie eine ähnliche Wirkung erzielen, wenn Sie die Zimmerdecke in ein Zeltdach verwandeln, das aus einem Himmel aus gekräuseltem Stoff besteht, der von einer Rosette mitten an der Decke gehalten wird.

Für die Wände können Sie einen Anstrich in einer passenden Farbe, einen dekorativen Farbeffekt oder eine Tapete wählen – falls Sie den Zelteffekt nicht durchziehen und die Wände ebenfalls mit Stoff bespannen (glatt oder gekräuselt) möchten. Den Knick zwischen Decke und Wand können Sie mit einem kurzen Querbehang mit glatter Kante oder Zierkante verdecken. Was die Bettverkleidung betrifft, wählen Sie eine neutrale Farbe, damit sie nicht jedesmal ausgewechselt werden muß, wenn die Raumdekoration geändert wird. Der Zelteffekt eignet sich natürlich nicht nur für ein Kinderzimmer; auch in einem Schlafzimmer, in einem Speisezimmer oder in einer kleinen Diele, ja sogar in einem Badezimmer wäre er ein prächtiger Anblick.

ARBEITSMATERIAL

Vierkanthölzer in folgenden Abmessungen: 5 × 25 cm, 10 × 2,5 cm und 7,5 × 7,5 cm
Holzschrauben
Holzleim
Winkeleisen (wahlweise)
Vorhangschienen und Haken
Vorhangstoff
Futterstoff für den Vorhang in einer Kontrastfarbe – gleich schwer und im Charakter ähnlich wie der Oberstoff
Passendes Nähgarn
Farbiges Nähgarn für die Pompons
Pappe für die Pompons
Standard-Kräuselband und Haken

MASSNEHMEN

DER HOLZRAHMEN

Verwenden Sie Vierkanthölzer in den folgenden Abmessungen: 7,5 × 7,5 cm für die Pfosten; 10 × 2,5 cm zum Anbringen der Vorhangschiene; und 5 × 2,5 cm für den Baldachinrahmen und die Sparren. Die Höhe der Pfosten und die Neigung des Baldachins muß auf die Höhe des Raumes abgestimmt werden. Wenn der Raum 2,6–2,7 m hoch ist, dürfen die Pfosten etwa 1,9 m hoch sein; und die Entfernung von der Spitze des Baldachins bis zur Unterkante der Vorhangschiene beträgt etwa 75 cm.

Die Länge des Rahmens für den Bettvorhang entspricht der Länge des Bettes plus der doppelten Breite des Rahmenholzes plus der doppelten Breite der Pfosten; zum Beispiel 195 + 2,5 + 2,5 + 7,5 + 7,5 = 215 cm. Die Breite des Rahmens entspricht der Breite des Bettes plus der doppelten Breite des Rahmenholzes für den Vorhang: zum Beispiel für ein einfaches Bett 90 + 2,5 + 2,5 = 95 cm.

Für den Baldachin sind zwei dreieckige Holzrahmen erforderlich; jedes der Dreiecke besteht aus einem langen Vierkantholz, das genauso lang ist wie die lange Vorhangschiene, und zwei kürzeren Hölzern, die sich am höchsten Punkt des Baldachins treffen. Der

Abstand von der Spitze des Baldachins bis auf die Mitte einer Seite des Rahmens beträgt ungefähr zwei Drittel der Breite des Bettes. Um die Konstruktion zu stabilisieren, sind zwei Querverstrebungen in der Breite des Bettes erforderlich.

DER BALDACHIN

Die Maße und die Höhe des Zeltes festlegen. Wenn der Rahmen fertig ist und die Vorhangschienen angebracht sind, die folgenden Maße nehmen: Von der Spitze des Baldachins bis zu der Stelle, wo der Baldachinrahmen und die Pfosten zusammentreffen (a); von der Spitze des Baldachins bis zur Mitte des Rahmens auf der Längsseite (b); von der Spitze des Baldachins bis zur Mitte des Rahmens am Fußende (c). Die Länge (d) und die Breite (e) messen.

Nach diesen Maßen Dreiecke auf den Stoff zeichnen. Es ist ratsam, den Baldachin ein paar Millimeter zu groß zu arbeiten, damit er locker auf dem Rahmen liegt und nicht strammgezogen werden muß. An den schrägen Seiten 12 mm zugeben und an der Unterkante 35 cm für einen Querbehang. Für die Seiten zwei Stücke vom Oberstoff und zwei Stücke vom Futterstoff zuschneiden; für Kopf- und Fußende des Bettes zwei Stücke vom Oberstoff und zwei Stücke vom Futterstoff zuschneiden.

DIE VORHÄNGE

Die Länge von der Schiene bis zum Fußboden messen; alle Vorhänge werden in dieser Länge plus 5,5 cm Zugabe zugeschnitten. Für jeden der acht Vorhänge (rechts und links von

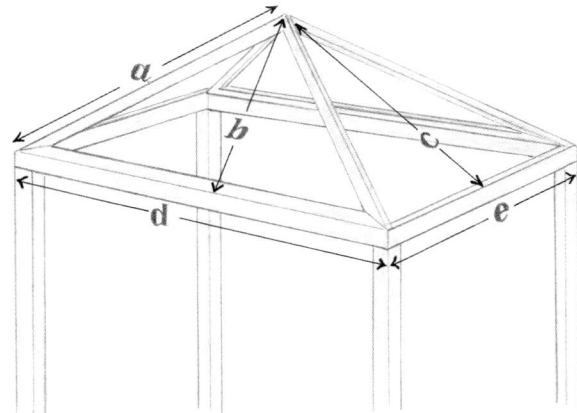

jedem Pfosten einer) braucht man eine Länge Oberstoff und eine Länge Futterstoff.

DEN RAHMEN KONSTRUIEREN

1. Zuerst wird der Rahmen für den Vorhang konstruiert; die 10 cm breite Seite des Holzes wird senkrecht verarbeitet und die Ecken auf Gehrung gearbeitet. Innerhalb des Rahmens werden, 45 cm von den schmalen Enden entfernt, Querverstrebungen angebracht.

2. Die beiden Dreiecke für den Baldachin zusammenfügen. Die lange Unterkante jedes der beiden Dreiecke wird facettiert, so daß sie auf der Oberkante des Rahmens für den Vorhang flach aufliegen; die Winkel, wo die Seiten der Dreiecke aufeinandertreffen, werden auf Gehrung gearbeitet.

3. Die beiden Dreiecke an der Spitze des Baldachins werden dicht unterhalb der Verbindung durch zwei Schraubenbolzen verbunden, d. h. auf jeder Seite wird ein Bolzen durch beide Dreiecke versenkt.

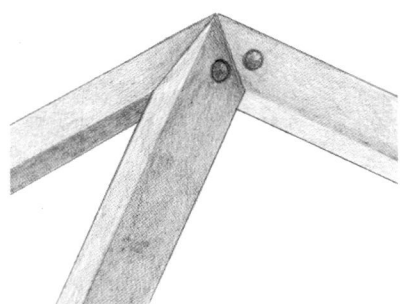

4. Die Pfosten an den vier Ecken mit Holzleim und Schrauben am Rahmen befestigen: man legt den Rahmen flach auf den Boden, die Pfosten zeigen nach oben. Die fertige Konstruktion herumdrehen und über dem Bett aufrichten. Die Pfosten mit langen Schrauben (Größe 10) am Bettrahmen befestigen. Wenn das nicht möglich ist, die Pfosten mit Winkeleisen am Boden festmachen.

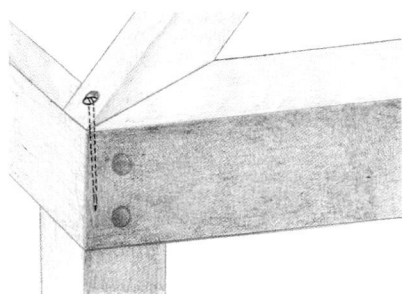

5. Den Baldachinrahmen auf den Vorhangrahmen setzen und mit Holzleim und Schrauben befestigen. Auf jeder Seite der Pfosten eine 40 cm lange Vorhangschiene auf der Innenseite des Rahmens anbringen.

DEN BALDACHIN NÄHEN

1. Die vier Teile des Oberstoffes für den Baldachin mit 12 mm Nahtzugabe entlang der Seitennähte aneinandernähen, rechts auf rechts; an einer der Nähte in der Mitte 30 cm offenlassen. Den Stoff auf den Rahmen legen und probieren, ob die Hülle paßt. Die Prozedur mit den vier Stücken Futterstoff wiederholen.

2. Auf der linken Seite des Oberstoffes die Zickzackkante mit einem harten Bleistift einzeichnen. Die Dreiecke müssen gleichmäßig sein, und jede Ecke muß mit einem halben Dreieck abschließen, so daß die Zickzackmotive ununterbrochen um die gesamte Unterkante des Baldachins laufen. Unsere Dreiecke sind oben etwa 15 cm breit und von der Oberkante bis zur Spitze 17,5 cm lang.

3. Oberstoff und Futter übereinanderlegen, rechts auf rechts, so daß auch die Unterkanten genau aufeinanderliegen. Entlang der eingezeichneten Zickzacklinie stecken. Steppen. Den überschüssigen Stoff abschneiden, an den Spitzen bis dicht an die Naht; in den spitzen Winkeln den Stoff einkerben. Die Kanten versäubern.

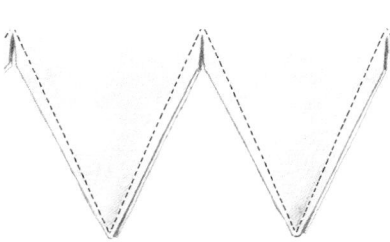

4. Die rechte Seite durch den Schlitz nach außen drehen. Den Schlitz mit Fallstich (siehe S. 17) schließen. Die Nähte ausbügeln, besonders an der Zickzack-Kante. Die Baldachinhülle über den Rahmen legen.

DIE BETTVORHÄNGE ARBEITEN

1. Oberstoff und Futter für jeden der acht Bettvorhänge aufeinanderlegen, rechts auf rechts, Schnittkante auf Schnittkante. Oberstoff und Futterstoff mit einer Nahtzugabe von 1,5 cm aneinandersteppen: an der Oberkante beginnend, an einer Seitenkante nach unten, quer über die Unterkante und an der anderen Seite wieder

nach oben. Die Ecken abschrägen. Die rechte Seite nach außen drehen. Die Nähte ausbügeln.

2. Entlang der Oberkante die Schnittkanten 4 cm auf die rechte Seite (die Seite des Oberstoffes, die auf der Außenseite des

Bettes zu sehen ist) umkippen. Das Faltenband darüberlegen, mit der Oberkante 2,5 cm unterhalb der Bruchkante. Das Faltenband an der Ober- und Unterkante anspeten, an den Seiten quer über die Breite steppen. Die Haken in die Schlaufen stecken, den Vorhang an die Schiene hängen.

DIE POMPONS ARBEITEN

Die wolligen Pompons, die auf unserem Zeltbett zu sehen sind, lassen sich beliebig einsetzen und sorgen für lustige Akzente im Kinderzimmer – ob sie an der Kante eines Querbehanges aufgereiht sind oder auf einem originellen Kissen Augen und Nase eines Clowns oder die Knöpfe seiner Jacke markieren oder als lustige, dicke Farbtupfer ganz für sich allein wirken. Mit Miniatur-

pompons kann man selbstgemachte Geburtstagskarten dekorieren oder Geschenkpäckchen phantasievoll verzieren.

Pompons zu arbeiten ist nicht schwer, für ältere Kinder bietet es sich sogar als Beschäftigung für Regentage an. Und außerdem sind Pompons eine ausgezeichnete Resteverwertung von übriggebliebenen Wollknäueln.

1. Aus dünner Pappe zwei runde Scheiben schneiden mit je 6,5 cm Durchmesser. Im Mittelpunkt der Scheiben je einen Kreis mit 12 mm Durchmesser ausschneiden. Die Pappscheiben übereinanderlegen, einen Wollfaden durch die Öffnung stecken und um die Scheiben wickeln usw., usw. Fortfahren, bis das Loch vollständig ausgefüllt ist.

2. Die Fäden rund um die Außenkanten durchschneiden, die Scheiben ein wenig auseinanderziehen. Mit einem starken Faden die Wollfäden zwischen den Scheiben fest zusammenbinden. Den Faden mehrmals um die Wollfäden wickeln, verknoten. Die Enden lang hängen lassen – damit werden die Pompons später angenäht.

3. Die Pappscheiben entfernen, notfalls auseinanderschneiden, damit sich die Pompons locker entfalten können. Falls erforderlich, die Enden der Fäden kürzen, damit die Pompons gleichmäßig rund werden. Wenn sie für die Zickzack-Kante des Baldachins bestimmt sind, pro Spitze einen Pompon arbeiten.

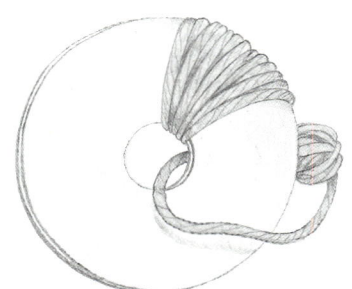 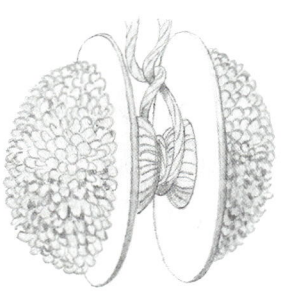 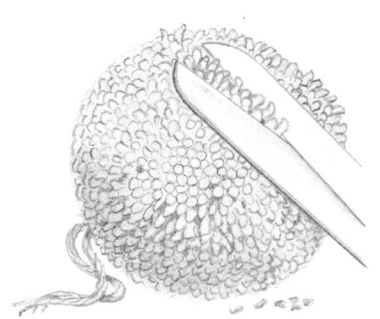

Wir wollten große Pompons in verschiedenen Farben anbringen, die unserem Zeltbett ein paar kräftige Farbtupfer verleihen. Also haben wir uns für Wolle entschlossen, damit die Pompons groß und plusterig werden, und haben Farben gewählt, die in unser Konzept paßten.

EINEN SITZSACK ARBEITEN

Ein dicker, weicher Sitzsack ist eines der vielseitigsten Ausstattungsstücke für Kinderzimmer, das man sich vorstellen kann. Es ist mit Styroporkügelchen gefüllt und kann Babys und Kleinkindern als riesiges Spielzeug und schnuckelige, sichere Sitzgelegenheit dienen. Später bietet es, mit einem anderen Bezug, ein willkommenes, zusätzliches Sitzkissen bei Teenagertreffen. Besonders wandlungsfähig ist ein runder Sitzsack; in unserem Musterzimmer haben wir daraus einen Zirkusball gemacht, der sich gut in unser Gesamtkonzept einfügt. Mit einer phantasievollen Stickerei oder Applikation könnte daraus ein riesiger Soccerball oder ein Baseball werden, ein Mann-im-Mond, ein gigantischer Apfel oder sogar eine Weltkugel.

Welches Design Sie auch immer wählen, der Bezug muß abnehmbar und waschbar sein. Daher müssen die Styroporkügelchen in einen einfarbigen, separaten Bezug gesteckt werden. Lassen Sie also in dem äußeren Bezug einen langen Schlitz offen, damit Sie den Beutel mit der Füllung hineinschieben können. Die Öffnung wird mit Fallstich geschlossen. Mit einem Reißverschluß ließe sich die äußere Hülle leichter öffnen – aber nur ein Reißverschluß aus Metall wäre stabil genug für ein Sitzkissen. Andererseits könnte das Metall das Kind verletzen. Außerdem ist es relativ schwierig, einen Reißverschluß in eine kurvierte Naht einzusetzen. Verwenden Sie schwer entflammbares Material für die äußere Hülle oder für eine zusätzliche Zwischenhülle.

ARBEITSMATERIAL

Papier für das Schnittmuster
Fester, einfarbiger Baumwollstoff
für die innere Hülle
Dichter, farbiger Baumwollstoff
für die äußere Hülle
Passendes Nähgarn
Styroporkügelchen

DAS SCHNITTMUSTER
ANFERTIGEN

Man braucht zwei Vorlagen: eine für die Grundfläche, die andere in Form eines Blütenblattes. Für die Grundfläche zeichnen Sie einen Kreis mit 46 cm Durchmesser und darum herum, als Nahtzugabe, einen zweiten in 12 mm Abstand. Als Hilfsmittel können Sie einen Bindfaden

mit einem daran befestigten Bleistift nehmen, mit dem Sie die Kreise zeichnen. Die Länge des Bindfadens beträgt 23 cm für den kleineren Kreis und 23,5 cm für den größeren.
Die Seiten des Sitzsackes bestehen aus acht Blütenblättern, die an der Grundfläche beginnen und sich im Scheitelpunkt treffen. Die Unterkante eines Blütenblattes beträgt ein Achtel des kleineren Kreisumfangs, sie ist also 18 cm lang. Die Höhe des Blütenblattes bis zum Scheitelpunkt beträgt 62,5 cm. In der Mitte ist es 7,5 cm breiter als an der Grundfläche.
Um sicher zu sein, daß die Blütenblätter symmetrisch werden, falten Sie das Papier der Länge nach in der Mitte zusammen und zeichnen nur ein halbes Blütenblatt auf. Geben Sie entlang der gezeichneten Linien 12 mm für die Nähte zu, schneiden Sie das Papier aus und falten es auseinander.

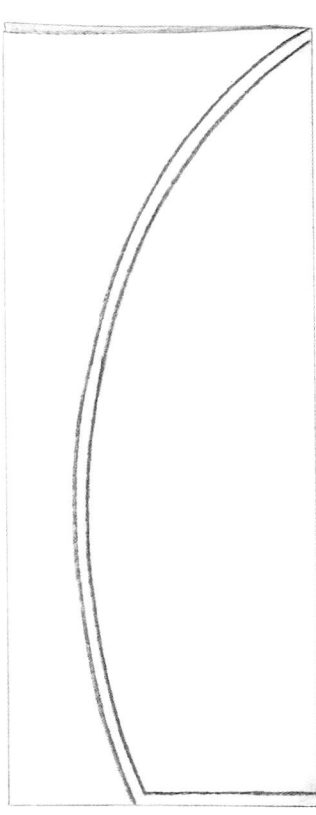

1. Schneiden Sie nach dem Papiermuster acht Blütenblätter und eine Grundfläche für die innere Hülle zu und noch einmal die gleichen Teile für die äußere Hülle. Der hier abgebildete Sitzsack hat vier gelbe Blütenblätter, zwei grüne, ein rotes und ein blaues.

2. Arbeiten Sie zuerst die innere Hülle: Fügen Sie jeweils zwei Blütenblätter zu einem Paar zusammen. Steppen Sie entlang der langen, gebogenen Kanten. Lassen Sie jeweils 12 mm Nahtzugabe stehen, auch wenn Sie an der Spitze angekommen sind.

3. Steppen Sie zwei Paare aneinander. Steppen Sie weitere zwei Paare aneinander. Steppen Sie die beiden Hälften aneinander, aber lassen Sie einen Schlitz von 25 cm Länge in einer der Nähte offen. Jetzt sind alle acht Blütenblätter aneinandergefügt. Steppen Sie die Grundfläche mit einer Nahtzugabe von 12 mm an die Unterkanten der Blütenblätter an.

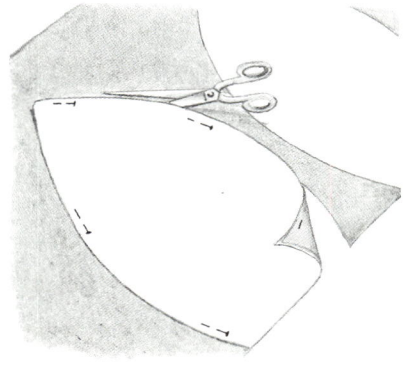

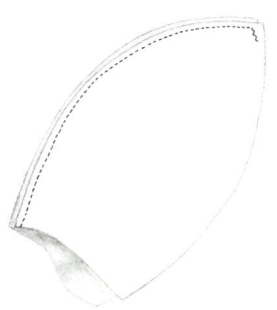

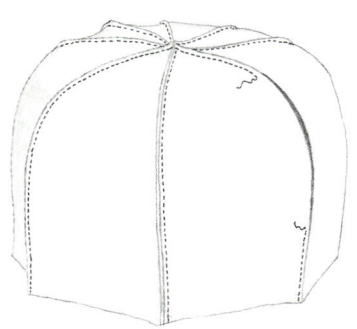

4. Die rechte Seite der inneren Hülle nach außen drehen. Die Styroporkügelchen einfüllen und die Öffnung mit Fallstich schließen (siehe S. 17). Die äußere Hülle auf die gleiche Art und Weise nähen, auf die Verteilung der Farben achten. Bei der äußeren Hülle muß die Öffnung etwa 56 cm lang sein. Die innere Hülle mit der Füllung vorsichtig durch die Öffnung schieben, mit Fallstich schließen.

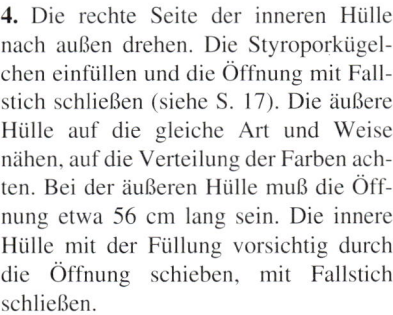

Obwohl Styroporkügelchen schon seit langem den ursprünglichen Inhalt von Bean bags (Bohnensäcken) ersetzen, dem sie ihren Namen verdanken, hat dieses wandlungsfähige, praktische Kinderzimmermöbel seit Jahrzehnten nichts an Beliebtheit eingebüßt.

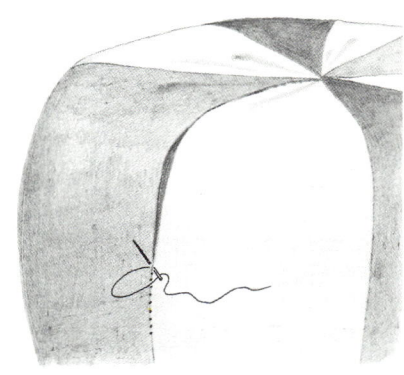

KISSEN ALS GAGS

Man kann sie einzeln, als weiche Bilder präsentieren, man kann sie auf dem Bett oder auf dem Boden auftürmen – und man kann sie so einfach oder so komplex gestalten, wie man mag. Sie könnten zum Beispiel ein launiges Konterfei Ihres Kindes, Ihres Hauses, eines Haustieres oder einer Comicstripfigur anfertigen, oder Sie schneiden Buchstaben aus und setzen sie zu einem Namen oder einer Botschaft zusammen. Kreieren Sie eine hübsche Himmelsszenerie – in Hellblau für den Tag, mit einer leuchtend gelben Sonne und einem vielfarbigen Regenbogen oder in Dunkelblau für die Nacht, mit einer Mondsichel und von Sternen übersät. Oder komponieren Sie eine Unterwasserlandschaft mit Fischen, Muscheln und Seetang auf türkisfarbenem Grund.

Wir haben für unser Kissen Filzfiguren mit ungiftigem Klebstoff auf den einfarbigen Streifen eines Kissenbezuges geklebt, der aus verschiedenen Mustern zusammengesetzt ist. Aber weder der Klebstoff noch der Filz ist waschbar, deshalb sind Entwürfe wie dieser eher als Dekoration gedacht als zum Herumtollen. Wenn Sie sichere, waschbare Kissenbezüge arbeiten möchten, schneiden Sie die Motive aus Baumwollstoffen aus und applizieren Sie sie auf den Stoff. Applikationen werden mit der Maschine mit dichtem Zickzack-Stich auf den Grundstoff appliziert. Schneiden Sie jedes Motiv ohne Zugaben, heften Sie es auf den Grundstoff und nähen es rundherum mit Zickzackstich an. Einen Plattsticheffekt können Sie erzielen, wenn Sie das Motiv zweimal umranden.

Ganz ohne Nähen kommt man aus, wenn man die Motive auf einen einfarbigen Stoff aufmalt oder mit Schablonen aufträgt. Hierzu verwendet man ungiftige Farben, Farbstifte oder Buntstifte für Stoffmalerei, die besonders leicht zu handhaben sind. Sie sind ideal für Kinder, die ihre Kissen selbst bemalen möchten.

Unser lustiger Clown ist ganz und gar aus Filz und wurde auf den Baumwollbezug des Kissens geklebt. Plastischer würde er wirken, wenn man die einzelnen Stücke appliziert, eine Schicht Füllwatte unter den Körper schiebt und Nase und Knöpfe aus Wollpompons (siehe S. 96) arbeitet.

Einen einseitig gerafften Vorhang nähen

Der einseitig geraffte Vorhang war besonders im achtzehnten Jahrhundert in Frankreich sehr beliebt, er ist eine Art Kreuzung zwischen Vorhang und Rollo. Man hängt ihn an eine Gardinenstange, kräuselt ihn, aber man kann ihn nicht wie üblich zur Seite ziehen; statt dessen wird er schräg nach oben und zur Seite gezogen. Das geschieht mit Hilfe einer Kordel; sie wird durch Ringe geführt, die auf der Rückseite des Vor-

hangs befestigt werden. Die Schnur wird um einen Schnurhalter gewickelt, die unmittelbar neben dem Fenster an der Wand befestigt wird.

Ursprünglich wurden einseitig geraffte Vorhänge paarweise aufgehängt, während man sie heute normalerweise einzeln verwendet. Die einseitige Raffung wird in England häufig als »italienische Raffung« bezeichnet. Diese elegante, asymmetrische Dekoration eignet sich vor allem für Problemfenster – die sich so dicht an einer Ecke befinden, daß kein Platz für einen Vorhang bleibt, oder auf einem Treppenabsatz, wo ein Vorhang, der am Boden schleift, nur im Weg wäre. Eine extravagante Lösung für zwei nebeneinanderliegende Fenster wären asymmetrische Vorhänge, die wie ein Theatervorhang, in entgegengesetzte Richtungen gerafft werden.

Wenn Sie einen traditionellen Look vorziehen, könnten Sie die Oberkante in Bleistift- oder Dreifachfalten legen und den Vorhang mit einer glatten Seitenkante, einer Fransenbordüre oder einer kontrastierenden Einfassung arbeiten. Für das Zirkusthema in unserem Kinderzimmer haben wir eine einfache, gekräuselte Oberkante und an der Seite eine Zickzackkante gewählt, die die Dekoration der Bettverkleidung wieder aufnimmt. Der gelb gestreifte Futterstoff ist der gleiche, den wir für das Futter der Bettvorhänge verwendet haben – ein weiteres Bindeglied der beiden Ausstattungselemente.

Achten Sie beim Anbringen des Schnurhalters darauf, daß er außerhalb der Reichweite des Kindes ist.

Wir haben die Gardinenstange und die Halterungen blau angestrichen und bunte Tupfer und Streifen aufgemalt, die das Farbkonzept des Raumes weiterführen.

ARBEITSMATERIAL

Vorhangstoff
Passendes Nähgarn
Kontrastierender Stoff zum Füttern,
gleich schwer und im Charakter ähnlich
wie der Oberstoff
Standard-Kräuselband
Pappe
Abdeckband
Gardinenringe aus Plastik oder Messing
Dünne Nylonschnur
Ringschraube
Schnurhalter (Krampe)

MASSNEHMEN

Der Vorhang muß mindestens 2- bis 2½mal so breit sein wie die Vorhangschiene oder die Gardinenstange. Die Länge des Kräuselbandes entspricht der Breite des ungekräuselten Vorhangs. Wenn Sie mehrere Stoffbahnen zusammensetzen müssen, vergessen Sie nicht, Nahtzugaben hinzuzurechnen.
Zu der gewünschten Vorhanglänge 5,5 cm hinzurechnen. Wenn Sie den Stoffbedarf ausrechnen wollen, multiplizieren Sie diese Zahl mit der Anzahl der erforderlichen Stoffbreiten; die gleiche Menge Stoff ist für das Futter erforderlich.

1. Die Tiefe der Zacken festlegen. Sie hängt vom Stoff, von der Höhe des Fensters und von Ihrem Geschmack ab. Die einzelnen Zacken sind bei unserem Vorhang, von der Grundlinie bis zur Spitze, 10 cm lang.
Um auszurechnen, wie viele Zacken Sie auf der Kante unterbringen können, zeichnen Sie die Kante maßstabgetreu auf Millimeterpapier.

2. Wenn Sie sich über die Länge der Zacken im Klaren sind, fertigen Sie ein Papiermuster in voller Größe auf Millimeterpapier an. Schneiden Sie die Zacke aus, kleben Sie sie auf Pappe. Schneiden Sie die Pappe mit einem Haushaltsmesser aus.

3. Den Oberstoff flach hinlegen, die rechte Seite nach unten. Den Anfang und das Ende der Zickzack-Kante markieren. Sie beginnt 4 cm unterhalb der oberen Schnittkante und endet 4 cm oberhalb der unteren Schnittkante. Mit einem spitzen Bleistift die Zacken entlang der Kante markieren. Die äußersten Spitzen enden

1,5 cm von der Schnittkante entfernt. Die Steppnaht verläuft auf der markierten Linie.

4. Den Oberstoff auf das Futter legen, rechts auf rechts, die Kanten übereinander. Die gerade Seitenkante, die Unter-

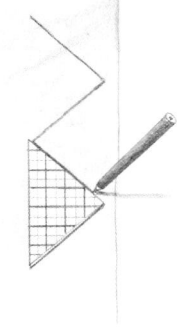

kante und entlang der Zickzack-Kante stecken.

5. Oberstoff und Futter entlang der geraden Kante und der Unterkante mit einer Nahtzugabe von 1,5 cm aneinanderstep-

pen. Die Zickzack-Kante mit einer Stichlänge von 5 mm steppen.

6. Den überschüssigen Stoff an der Zickzack-Kante abschneiden, 12 mm stehenlassen. An den Spitzen den Stoff bis dicht an die Naht abschneiden, in den spitzen Winkeln den Stoff einkerben, ebenfalls bis fast an die Naht.

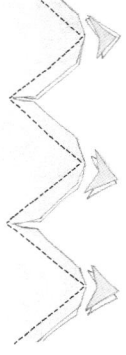

7. Die rechte Seite nach außen drehen. Die Spitzen nach außen drücken. Die Nähte ausbügeln.

8. Die Schnittkanten an der Oberkante des Vorhangs 4 cm auf die linke Seite umlegen. Das Kräuselband 2,5 cm unterhalb der Bruchkante anlegen, die Enden nach innen einschlagen, feststecken, so daß die Schnittkanten verdeckt werden. Das Kräuselband an Ober- und Unterkante anorten ansteppen. An den Enden quer über das Band steppen, dabei müssen die Schnüre zum Zusammenziehen frei bleiben.

9. Den Vorhang flach hinlegen, die linke Seite nach oben. An der Zickzack-Kante, von oben nach unten eine Länge abmessen, die der Breite der Vorhangschiene plus 20 cm entspricht, markieren. An diesem Punkt soll unsere Drapierung beginnen – verlegt man den Punkt nach oben oder unten verändert sich der Effekt der Raffung. Von diesem Punkt denkt man sich eine gerade Linie bis zum gegenüberliegenden Ende der Oberkante und bringt darauf im Abstand von 20 cm Markierungen an. Am besten nimmt man einen Klebestreifen zu Hilfe, mit dem man diese Linie verdeutlicht, und bringt darauf die Markierungen an.

10. Bei jeder Markierung einen Gardinenring annähen, den letzten dicht am Kräuselband. Die Nylonschnur an dem ersten Ring an der Zickzack-Kante befestigen und sie durch sämtliche Ringe ziehen.

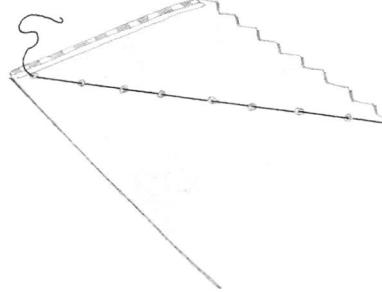

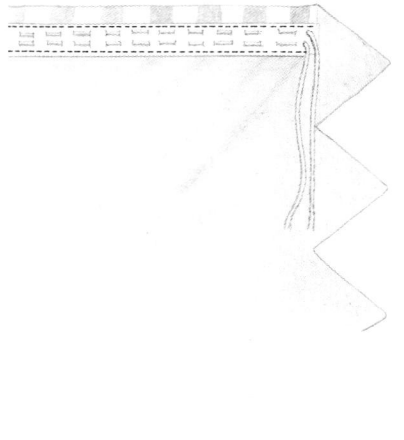

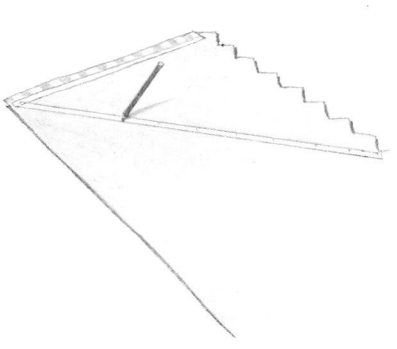

11. Den Vorhang aufhängen. Die Ringschraube in der Nähe des Ringes nahe der Oberkante in den Fensterrahmen schrauben. Den Schnurhalter in erreichbarer Höhe, unterhalb der Ringschraube, befestigen. Die Schnur durch die Ringschraube führen und um den Schnurhalter wickeln.

DER SPIELZEUGSACK

Ein großer, farbenfroher Sack, als lustige Figur aufgemacht, kann eine Menge Krimskrams aus dem Kinderzimmer schlucken. Am besten nähen Sie ihn aus Polsterstoff, Sackleinen oder Kanevas und dekorieren ihn mit applizierten Buchstaben oder einem figürlichen Motiv (siehe S. 99), oder Sie schreiben den Namen Ihres Kindes mit schmaler Zickzackborte oder waschbarem Band. (Wenn der Sack für ein Kleinkind bestimmt ist, nehmen Sie statt des Bandes zum Zuziehen lieber ein Gummiband. Man zieht es durch die Futteralkante und näht die Öffnung zu. Zum Aufhängen dient eine kurze Stoffschlaufe.) Sie können sogar eine ganze Garnitur Säcke anfertigen: einen für weiches Spielzeug, einen für Bauklötze, einen für Puzzlespiele und andere Spiele, einen für Sport- sachen und einen für Handschuhe und Schals. Solche Säcke können sich auch in den übrigen Räumen des Hauses als äußerst praktisch erweisen, wenn es darum geht, Dinge aus dem Weg zu räumen und Ordnung zu halten. Im Schlafzimmer der Erwachsenen sind sie ideal für Accessoires wie Socken, Gürtel, Schals und Handschuhe, und in kleineren Säcken lassen sich Wattebäusche oder Taschentücher verstauen. Im Bad wäre ein großer Sack für schmutzige Wäsche angebracht und ein kleiner für die Seifenreserve.

Der Spielzeugsack mit dem Clownoberkörper hängt an einem Band oder einer Kordel, die durch die Futteralkante gezogen wird und die ihn gleichzeitig verschließt (siehe Arbeitsanleitung auf S. 115).

Wenn Sie einem kleinen, schlecht ge-schnittenen Raum ein harmonisches Ge-sicht geben wollen, verwenden Sie für alle Flächen das gleiche Muster. In die-sem Kinderzimmer im Dachgeschoß wurde ein frisches, florales Streifenmu-ster für die Wände, die Fensterverklei-dung und den Betthimmel verwendet.

*Ein einfacher Holzrahmen und ein Paar
Gingham-Vorhänge mit einer Spitzen-
borte haben diese Nische in ein behag-
liches Refugium für ein junges Mädchen
verwandelt. In Ermangelung eines
Nachttisches dient ein schmales Bord in
Matratzenhöhe zum Aufbewahren von
Büchern und all den unentbehrlichen
Kleinigkeiten für die Nacht.*

Badezimmer

Separate Räume, die ausschließlich dem Waschen vorbehalten waren, sind bis zur ersten Hälfte des neunzehnten Jahrhunderts nicht einmal in den größten Häusern eine Selbstverständlichkeit gewesen, und erst gegen Ende des Jahrhunderts, zum Teil sogar noch später, wurden sie in gewöhnlichen Wohnhäusern installiert. Jahrzehntelang war es kalt im Badezimmer, so daß man sich dort nicht länger als unbedingt nötig aufhielt. Erst in letzter Zeit haben sie sich durch den Fortschritt der Heizungs- und Installationstechnik in wahre Paradiese der Zweckdienlichkeit und Behaglichkeit verwandelt. Wenn Sie ein wenig mehr Zeit und etwas künstlerischen Ehrgeiz in die Ausstattung des Badezimmers investieren, können Sie einen Raum gestalten, in dem genüßliche Bäder und tägliches Duschen zu luxuriösen, entspannenden Erlebnissen werden.

Weil man im Badezimmer nur verhältnismäßig wenig Zeit verbringt, kann man sich an leuchtende, kräftige Farben und launige Themen heranwagen, die einem in anderen Räumen schnell auf die Nerven gehen würden. Denken Sie aber daran, daß Sie die Farben, die Sie auswählen, schon am frühen Morgen und noch am Ende eines langen Tages ertragen müssen. Wenn Sie Ihr Bad von Grund auf neu ausstatten, gestatten einfarbig weiße Armaturen größte Flexibilität bei der Auswahl des Designs und des Farbkonzepts – das gilt auch, wenn man das Konzept ändern möchte. Die Textilien für das Bad sollten waschbar und verhältnismäßig leicht sein, damit sie sich nicht mit Feuchtigkeit vollsaugen und schnell trocknen. Das gilt vor allem für kleine Räume, wo Wasserdampf und Kondenswasser zum Problem werden können.

Hier wird die Strandatmosphäre unterstrichen durch Treibholz, riesige Schwämme, Grünpflanzen, die wie Seetang aussehen, und Bade-Accessoires aus unbearbeitetem Holz, das die bleichende Wirkung von Sonne und Brandung suggeriert. Es lohnt sich, wenn man sich die Mühe macht, auch das sonstige Zubehör wie Zahnbürsten, Seife und Handtücher auf das Farbkonzept abzustimmen.

Die Garderobenleisten mit den hölzernen Haken, die einst in den Behausungen der Shaker für Ordnung sorgten, eignen sich genausogut für das Schlafzimmer, die Küche, die Diele und das Badezimmer.

Für unser Musterbadezimmer haben wir ein ungewöhnlich beliebtes und dem Zweck des Raumes angemessenes Dekorationskonzept gewählt – den Meeresstrand. Es handelt sich hier, wie in vielen älteren Häusern, um einen großen Raum, der ursprünglich als Schlafzimmer benutzt wurde. Das Strandmotiv eignet sich natürlich auch für kleinere Badezimmer. Die Atmosphäre des Raumes wird hauptsächlich durch die breiten Markisenstreifen bestimmt, wie man sie von Strandkörben kennt – in einem kleineren Raum wäre vielleicht eine Farbwäsche angebrachter gewesen. Der Wäschesack und die Stoffverkleidung unterhalb des Waschbeckens sind aus kräftigem Baumwollstoff, der ebenfalls gestreift ist – aber hier sind die Streifen schmäler, wie bei Liegestühlen. Der Vorhang am Fenster ist aus transparentem Musselin und mit Muscheln besetzt. Die einfarbig gestrichenen Holzdielen des Fußbodens bedecken Baumwollmatten in blassem Meeresblau, das auf die Farbe des Holzwerks abgestimmt ist. Die Bademattte aus zusammengerolltem Schiffstau sorgt dafür, daß die Badenden weich und sicher an Land gehen können. Damit das Bad immer tadellos aufgeräumt ist, wurde eine praktische Garderobenleiste angebracht, die mit den hängenden Behältnissen spielend fertig wird.

Wenn Sie im Malen geübt sind, könnten Sie das Thema auch durch eine Wandmalerei verwirklichen und die Wände mit Unterwasserszenerien bemalen, in denen tropische Fische, Korallen und Seetang vorkommen. Wenn Sie sich zu Lande wohler fühlen, könnten Sie sich von vielerlei Themen inspirieren lassen. Kreieren Sie ein indisches Thema mit exotischen Motiven in warmen Rottönen und saffrangelben Nuancen: Sie könnten die Wände mit einer Farbwäsche tönen und die Motive mit aufgestempelten Motiven wie beim Druck mit Holzmodeln dekorieren. Oder, falls Sie einen traditionellen, typisch englischen Look vorziehen, malen Sie freihändig Buschrosen und Feld- und Wiesenblumen entlang der Fußleiste auf die Wände und verkleiden Sie die Fenster mit Chintzvorhängen in hübschen, floralen Mustern.

EINE BADEMATTE AUS EINEM ZUSAMMENGEROLLTEN TAU ARBEITEN

Die dicke Badematte aus Baumwolle, die in unserem nautischen Thema vorkommt, besteht aus einem Stück Schiffstau und fühlt sich unter den nackten Füßen überraschend weich an. Sie wird zu einer Spirale zusammengerollt – man kann sie auch zu einem Oval formen – und von Hand zusammengenäht. Stabiler wird sie, wenn man sie auf der Unterseite mit Hilfe eines wasserfesten Klebstoffs mit Kanevas beklebt. Das Tau kann man bei Schiffsbedarfshändlern kaufen, es ist in mehreren Farben, einschließlich Weiß, zu haben. Da ein Schiffstau immer ein wenig einläuft, sollten Sie die Badematte vorsichtig in kühlem Wasser mit einem Wollwaschmittel waschen. In unserem Badezimmer haben wir das recht klobige Tau auch zum Aufhängen des Spiegels verwendet. In anderen Räumen könnte man es zum Beispiel zu Raffhaltern verarbeiten oder es als Kissenumrandung einsetzen.

Inspiriert wurden wir von den traditionellen Flechtteppichen – attraktiven Accessoires für rustikale Ausstattungen, nicht nur im Bad. Sie werden aus zusammengenähten Stoffstreifen gearbeitet, die zu Röhren zusammengefaltet werden, damit man die Schnittkanten nicht sieht. Die Streifen werden geflochten und zu einer Spirale oder einem Oval geformt und zusammengenäht.

ARBEITSMATERIAL

Tau aus Baumwolle,
2,5 cm Durchmesser
Zwirn oder starkes Nähgarn in Weiß
Stopfnadel
PVA-Polyvinylacetat-Klebstoff
Weißer Kanevas

1. Drehen Sie das Tau auf einer sauberen, glatten Oberfläche zusammen. Entweder beginnen Sie in der Mitte und drehen das Tau spiralförmig zusammen, oder Sie beginnen mit einem kurzen, geraden Stück und formen ein Oval (die Länge der Geraden bestimmt die Proportion des Ovals). Während Sie arbeiten, nähen Sie die Touren kontinuierlich mit Fallstich (siehe S. 17) aneinander. Verwenden Sie eine Stopfnadel und Zwirn.

2. Wenn Sie die Spirale beendet haben, dünnen Sie das Tau am Ende aus und verkleben es mit PVA-Klebstoff, damit es nicht ausfranst. Stecken Sie das Ende zwischen die beiden letzten Touren und befestigen Sie es mit Fallstich.

3. Man kann die Matte benutzen, wie sie ist, oder eine Kanevasunterlage darunterkleben, bei der man rundherum 12 mm nach innen umschlägt. Die Unterlage muß ein wenig kleiner sein als die Matte. Zum Schluß die Unterlage mit überwendlichen Stichen durch den Umschlag fest an die Unterseite der Matte nähen.

Eine Spirale, aus einem Schiffstau zusammengesetzt, gibt eine zünftige Badematte ab.

EINEN MUSCHELBESTICKTEN VORHANG NÄHEN

Kaum jemand kann dem Sammeln von Muscheln an der See widerstehen, und ein Ausstattungskonzept für das Badezimmer, das den Strand zum Thema hat, ist eine willkommene Gelegenheit, die Fundstücke effektvoll einzusetzen. Bohren Sie kleine Löcher in die Muscheln und nähen Sie sie auf schlichte Vorhänge. Sie können aus Musselin sein, wie in unserem Musterbadezimmer (da das Material die Tendenz zum Einlaufen hat, sollten Sie wenigstens 10 Prozent mehr als erforderlich kaufen und den Stoff waschen und bügeln, bevor Sie ihn verarbeiten), oder aus einem netzartigen Gewebe, das auf Fischernetze anspielt. Aber in jedem Fall sollten Sie nur kleine Muscheln annähen und nicht zu viele, denn ihr Gewicht würde den Vorhang verziehen.

Diese Idee eignet sich nicht nur für bodenlange Vorhänge, sondern auch für kurze oder für Kaffeehausvorhänge. Wir haben unsere Vorhänge an lange Schlaufen aus dicker, weißer Kordel gehängt, aber einfache Schlaufen oder ein Faltenband tun es auch.

Bei diesem Projekt würden Kinder wahrscheinlich gern mitmachen. Sie können die Muscheln am Strand sammeln und später, wenn Sie die Löcher gebohrt haben, könnten sie helfen, die Muscheln auf dem Vorhang zu verteilen, bevor Sie sie annähen. Sollten Muscheln nicht in Ihr Konzept passen, könnten Sie zum Dekorieren glatter Vorhänge auch Knöpfe, zu Schleifen gebundene Bänder, kleine Faserbüschel, wie man sie von Matratzen kennt, und Miniaturquasten oder winzige Glöckchen verwenden. Wenn Ihre Muschelvorhänge gewaschen werden müssen, schwenken Sie sie einfach in kühlem Seifenwasser und legen sie zum Trocknen flach hin.

ARBEITSMATERIAL

Fest gezwirnter, weißer Baumwollstoff wie Musselin
Weißes Nähgarn
Baumwollkordel, 12 mm Durchmesser
Ungefähr 50 kleine Muscheln
Stopfnadel
Weißer Zwirn
Vorstechbohrer

Der Reiz der von Muscheln übersäten Vorhänge liegt in ihrer Schlichtheit. Ein paar Muscheln, auf Musselin genäht, ergeben eine Fensterdekoration, die das Licht filtert und die private Sphäre abschirmt. Die Kordelschlaufen an der Oberkante betonen das nautische Thema.

MASSNEHMEN

Für die Breite der beiden Vorhänge ist 2- bis 2½mal die Länge der Gardinenstange, geteilt durch 2 (für 2 Vorhänge) plus 4 cm pro Vorhang für die seitlichen Säume erforderlich. Die erforderliche Länge mißt man von der Oberkante des Vorhangs, wo die Schlaufen ansetzen, bis zum Fußboden und gibt 10 cm für den oberen und den unteren Saum zu; wenn die Vorhänge am Boden schleifen sollen, entsprechend mehr zugeben.

Die Kordel muß so lang sein wie die Breite des Vorhangs plus die Länge für jede Schlaufe. Die Länge der Schlaufen hängt zum Teil von der Stärke der Gardinenstange ab; Schlaufen können natürlich auch etwas länger sein als diejenigen an unseren Mustervorhängen – falls das zu den Proportionen Ihres Fensters paßt. Hier haben die Schlaufen einen Abstand von 12,5 cm, der sich natürlich in beide Richtungen verändern läßt, wenn es der gleichmäßige Abstand erfordert.

2. Falls erforderlich, mehrere Stoffbreiten mit einer Nahtzugabe von 2,5 cm aneinandernähen. Auf jeder Seite einen Doppelsaum von 2 cm einschlagen und mit der Maschine steppen. An der Oberkante einen Doppelsaum von 1 cm einschlagen und mit der Maschine steppen.

3. Die Kordel mit einer Stopfnadel und Zwirn wie folgt an der Oberkante annähen. An einer Seite beginnen und die erste Schlaufe legen. Prüfen, ob sie groß genug für die Gardinenstange ist. Die Schlaufe fest annähen, die Kordel entlang der gesäumten Oberkante weiterführen und mit Saumstich annähen, abwechselnd in das Seil und die Oberkante stechen. Im Abstand von 12,5 cm die zweite Schlaufe legen. Fest annähen und wie oben fortfahren.

4. Bis zum anderen Ende der Oberkante fortfahren; die letzte Schlaufe annähen. Überschüssige Kordel abschneiden, das Ende auf der Rückseite des Vorhangs befestigen.

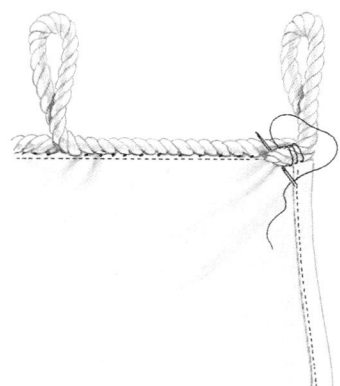

5. An der Unterkante einen Doppelsaum von 4 cm einschlagen, von Hand oder mit der Maschine nähen. (Musselin ist ein so leichter Stoff, daß man die Ecken nicht auf Gehrung arbeiten muß.)

6. Die Muscheln beliebig auf dem Vorhang verteilen. Mit normalem Nähgarn oder Quiltgarn annähen. Die Enden auf der Rückseite doppelt verknoten: rechts über links – und links über rechts.

1. Die Muscheln sehr gründlich waschen und mit dem Vorstechbohrer vorsichtig ein Loch in die Schale bohren. Wir haben 20 Stück pro Vorhang gebraucht, aber nehmen Sie die Zahl nicht so genau, es könnte sein, daß beim Bohren der Löcher einige zerbrechen.

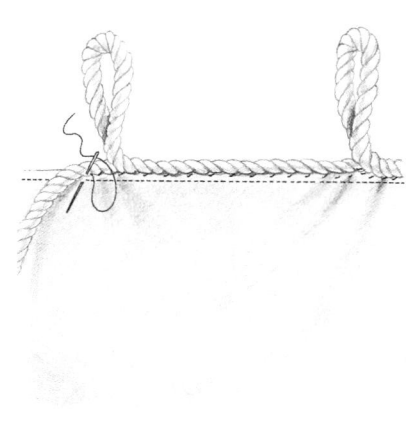

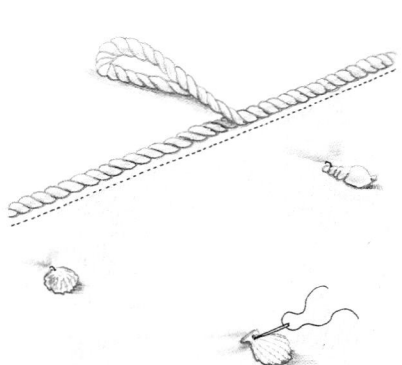

Einen Volant für ein Handwaschbecken arbeiten

Ein einfaches Handwaschbecken wirkt »angezogen« mit einem einfachen Volant aus frischem, waschbarem Baumwollstoff. Eine dekorative Verkleidung, die gleichzeitig geschickt verdeckten Stauraum unter dem Waschbecken schafft.

Wir haben ein klares Streifenmuster gewählt, das unser Strandthema unterstreicht. Mit einem floralen Muster oder mit altem Leinen, mit einer Spitzen-, Häkel- oder Stickereikante würde die Verkleidung einen femininen Touch bekommen. Der gekräuselte Volant hängt an einem elastischen Stahlseil, das durch ein Futteral auf der Rückseite des Stoffes gezogen wurde. Man könnte es auch durch einen einfachen Saum an der Oberkante ziehen, aber das würde nicht den hübschen Kräuseleffekt ergeben, der auf dem Foto zu sehen ist. An den Enden des Stahlseils

sind Ringschrauben befestigt, sie werden in Haken gehängt, die in die Wand eingelassen werden. Wenn die Seiten Ihres Waschbeckens flach und gerade sind, hält die Spannung des elastischen Seils den Volant fest. Aber wenn die Seitenkante abgerundet oder abgeschrägt ist, müßten Sie den Stoff möglicherweise an mehreren Stellen mit einem doppelseitig selbstklebenden Band befestigen, das sich leicht entfernen läßt, wenn Sie den Stoff waschen möchten.

Wenn das Dekorationskonzept Ihres Badezimmers eher maskulin und streng ist, wählen Sie statt des gekräuselten Volants eine gerade oder glatte Verkleidung mit Falten. Befestigen Sie sie an einem Klettverschluß, dessen eine Hälfte Sie mit wasserfestem PVA-Kleber am Waschbecken ankleben und dessen andere Hälfte Sie an den Volant nähen.

Arbeitsmaterial

Vorhangstoff
Passendes Nähgarn
Elastisches Stahlseil nebst Zubehör
für den Volant

Massnehmen

Um die erforderliche Stofflänge festzulegen, messen Sie von der Oberkante des Volants – die etwa 4 cm höher sein dürfte als das elastische Stahlseil – bis zum Fußboden und geben 15 cm für Säume zu. Die Breite des Volants entspricht 2- bis 2½mal der Länge des Stahlseils. Wenn möglich, verwenden Sie ganze Stoffbreiten, vermeiden Sie das Zusammensetzen von halben Breiten, um die Anzahl der Nähte zu reduzieren. Multiplizieren Sie die Anzahl der Stoffbreiten mit der erforderlichen Länge (inklusive Saumzugaben), um zu errechnen, wieviel Stoff Sie brauchen.

1. Das elastische Stahlseil, das den Volant hält, wird an Haken befestigt, die in die Wand eingelassen werden. Sie müssen sehr fest sitzen, denn das Stahlseil muß fest gespannt werden, damit es die Stoffverkleidung ohne weitere Hilfen an Ort und Stelle halten kann. Ist das nicht möglich, braucht man zusätzlich einen Holzrahmen als Stütze.

2. Die Stoffbreiten aneinandersteppen. An den Seiten Doppelsäume machen: 12 mm umkippen, und noch einmal 12 mm umkippen; mit der Maschine dicht an der Bruchkante steppen.

3. An der Oberkante den Stoff 2,5 cm umkippen, bügeln. Dann 6,5 cm einschlagen, bügeln.

4. Entlang der eingeschlagenen Kante, etwa 3 mm von der Bruchkante entfernt, eine Naht mit der Maschine steppen. Eine zweite Naht steppen, etwa 12 mm von der ersten entfernt.

5. An der Unterkante 12 mm einschlagen, dann 5 cm einschlagen, säumen. Das elastische Drahtseil durch das Futteral schieben, in die Haken an der Wand einhängen.

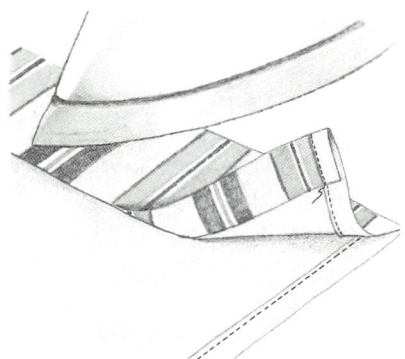 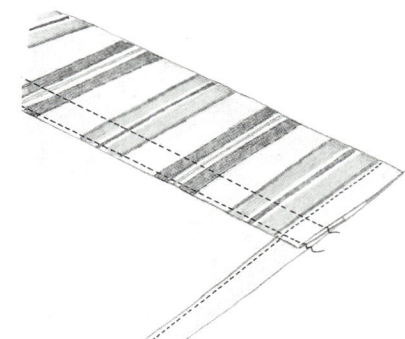 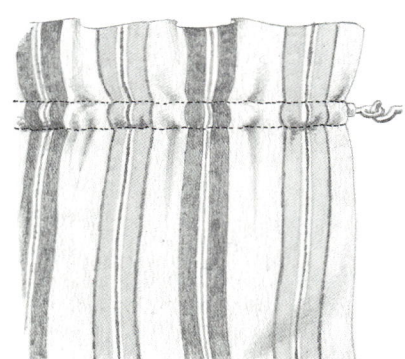

EINEN QUASTENZUG ARBEITEN

In vielen Badezimmern wird entweder der Hauptlichtschalter oder der Schalter über dem Spiegel durch eine Zugschnur anstelle eines Schalters an- und ausgeknipst. Um das Ganze etwas aufzulockern, kann man die Schnur durch eine Kordel mit Quaste versehen, wie man sie von Raffhaltern kennt.

Auch die Zugkette eines altmodischen, hohen Wasserbehälters könnte man durch eine Kordel mit Quaste ersetzen oder einfach eine Quaste an der Kette befestigen. Heutzutage gibt es Quasten in großer Auswahl aus attraktiven Materialien. Halten Sie Ausschau nach einer farbigen Quaste aus Baumwolle, Kordel, Bast oder auch Papier, die in Ihr Farbkonzept paßt. Oder wählen Sie eine Quaste aus naturfarbener Jute.

Mit einer ausgewachsenen Quaste kann man das Deckenlicht anknipsen, mit einer etwas kleineren die Wandbeleuchtung.

EINEN WÄSCHESACK ARBEITEN

Ein großer Sack zum Zuziehen kann den verschiedensten Zwecken dienen. Dieser hier ist für schmutzige Wäsche gedacht; der gleiche Sack auf S. 102 ist ein Allzweckbehälter für Spielzeug. Sie können den Sack auch in kleinerem Maßstab, als Schuhbeutel oder als Handtaschenhülle arbeiten. Kennzeichnen Sie den Sack mit einem Namen, indem Sie die entsprechenden Buchstaben applizieren, oder bezeichnen Sie seinen Zweck mit Maschinenstickerei, wie auf dem Foto.

ARBEITSMATERIAL

Stoff
Passendes Nähgarn
Kordel oder Band zum Zubinden

1. Zwei Stücke Stoff für die Vorder- und die Rückseite in den Maßen 50 × 90 cm zuschneiden.

2. Wenn Sie den Sack kennzeichnen wollen, sticken Sie den Namen oder den Zweck des Sackes von Hand oder mit der Maschine oder schneiden Sie aus einem kontrastierenden Stoff Buchstaben aus und applizieren Sie sie: Heften Sie die Buchstaben an, umstechen Sie jeden Buchstaben mit engem Zickzackstich oder Plattstich.

3. Die beiden Stoffhälften mit einer französischen Naht aneinandernähen. Den Stoff für Vorder- und Rückseite aufeinanderlegen, links auf links, mit einer Nahtzugabe von 6 mm aneinandersteppen. An der oberen, linken Ecke beginnen, weiter bis zur unteren linken Ecke und entlang der Unterkante und auf der rechten Seite wieder nach oben. 17,5 cm von der Oberkante entfernt aufhören.

4. Die linke Seite nach außen drehen, die Nähte ausbügeln. Eine zweite Naht, parallel zur ersten, 9 mm davon entfernt, steppen. Die Schnittkanten werden von den Nähten eingeschlossen. Auch auf dieser Seite 17,5 cm von der Oberkante entfernt aufhören.

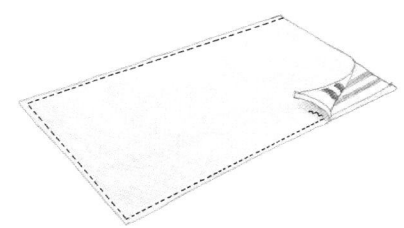

5. An der Stelle, wo die französische Naht endet, beide Schnittkanten 6 mm einkerben. 4,5 cm unterhalb der oberen Schnittkante beginnen und mit 1,5 cm Nahtzugabe eine seitliche Naht von 10 cm Länge steppen.

6. An dem Punkt, wo die französische Naht aufhört, beginnen und beide Schnittkanten bis zur Oberkante versäubern: An jeder der beiden Schnittkanten 6 mm auf die linke Seite umkippen, dann noch einmal 9 mm und mit Fallstich annähen (siehe S. 17).

7. An der oberen Schnittkante 6 mm auf die linke Seite umkippen, bügeln. Noch einmal 8,5 cm einschlagen.

8. Rund um die Oberkante, 8,2 cm von der Kante entfernt, steppen. Parallel dazu eine zweite Naht, 5 cm von der Kante entfernt, steppen. Beide Nähte bilden ein Futteral für das Band. Die rechte Seite nach außen drehen.

9. Die Kordel oder das Band durch das Futteral fädeln. Man kann die beiden Enden entweder zusammenziehen und verknoten oder sie übereinanderlegen und zusammennähen, so daß sie permanent verbunden sind.

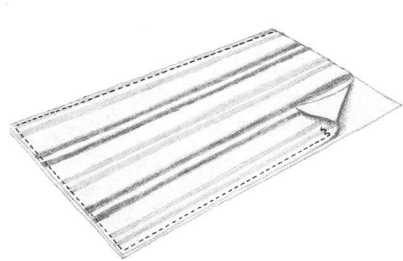

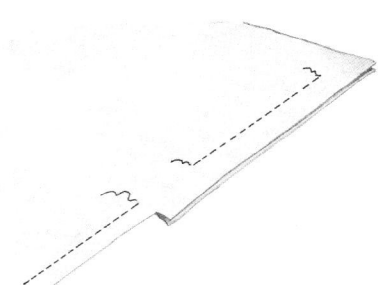

EIN FUTTER FÜR EINEN KORB ARBEITEN

Kleine Flaschen, Tuben, Seifen und Flakons lassen sich sicher und handlich in einem hübschen Korb aus Draht oder Weidengeflecht verstauen. Damit der Korb sauber bleibt und die kleinen Tuben nicht durch die Zwischenräume fallen, kann man für jeden Korb ein praktisches Futter aus Frotteestoff nähen, wie wir es getan haben, oder aus einem bedruckten Baumwollstoff, der auch an anderer Stelle im Raum vorkommt. Schneiden Sie einfach ein Stück Stoff in der entsprechenden Größe zu und fassen es mit Schrägband ein (siehe S. 23, Schritt 6). Die Enden können Sie lose hängen lassen und damit das Futter am Korb festbinden. Wenn es schmutzig wird, sieht es nach einer schnellen Wäsche in der Maschine wieder wie neu aus. Solche Körbe können übrigens im ganzen Haus gute Dienste tun.

Wir haben uns für einen Drahtkorb entschlossen, der die vielen Kleinigkeiten aufnehmen soll, die sich in einem Badezimmer ansammeln; für eine andere Ausstattung wäre ein Weidenkorb vielleicht passender. Wenn Sie einen sehr dicht geflochtenen Weidenkorb füttern wollen, fädeln Sie den Schrägstreifen in eine Stopfnadel ein, damit Sie das Futter an den Korb binden können.

GEGENÜBERLIEGENDE SEITE: Wenn Sie das Handwaschbecken in eine Waschtischeinheit nebst Regal einbauen, gewinnen Sie wertvollen Stauraum und können außerdem die Höhe bestimmen, die für Sie am bequemsten ist. Das Regal unter der weißen Tischplatte wird von einem in Falten gelegten Vorhang mit blauen Überkaros verdeckt.

OBEN: *Diese opulente Ausstattung mit vergoldetem Wasserhahn und Rokokoelementen verdankt dem Frankreich des achtzehnten Jahrhunderts nicht gerade wenig. Der englische Chintz nimmt der Dekoration die Ernsthaftigkeit und gibt ihr einen romantischen Touch.*

RECHTS: *Nur ein paar weiße Farbtupfer von Emaille, Porzellan und Marmor deuten darauf hin, daß dieser luxuriös ausgestattete Raum eine nützliche Funktion hat. Das fransenbesetzte Raffrollo im Paisley-Design, die kuppelartige Badewannenverkleidung, die aufgeplusterten Kissen und die weichen Polster von Hocker und Ottomane würden genausogut in ein viktorianisches Wohnzimmer passen.*

Wintergärten

Es wird allgemein angenommen, daß der Wintergarten eine viktorianische Erfindung ist, aber in Wirklichkeit war er schon ein Jahrhundert früher ins Licht der Öffentlichkeit gerückt, als die elegante georgianische Orangerie, in der man exotische Früchte zog, in Mode kam. Die große Zeit des Wintergartens war allerdings die viktorianische Epoche. Abgesehen davon, daß er als zusätzlicher Wohnraum diente, benutzte man ihn, um Farne und andere exotische Pflanzen zu ziehen, die man von den entfernten Vorposten des Britischen Empire mitgebracht hatte. Während die georgianische Orangerie im Stil des übrigen Hauses konstruiert war – mit Schiefer- oder Ziegeldach –, war der viktorianische Wintergarten eine Konstruktion aus Glas und Eisen, die meist grün angestrichen war. In der edwardianischen Epoche wurden die Ausstattungen der Wintergärten etwas bescheidener.

Ob es sich um kunstvolle Glas- und Eisenkonstruktionen oder um schlichte Anbauten aus Ziegelsteinen handelt – Wintergärten stellen auf ihre Art ein verführerisches Bindeglied zwischen drinnen und draußen dar, was sie häufig zum beliebtesten Raum des Hauses macht. Selbst wenn Sie keine tropischen Bäume und exotischen Blumen oder Früchte züchten, wie man es in viktorianischer Zeit tat, können Sie es zumindest genießen, sich inmitten einer verschwenderischen Fülle von rankenden Pflanzen und farbenprächtigen Blüten, die aus Töpfen und Trögen hervorquellen, von Sonnenlicht umfluten zu lassen. Mit Raffinesse und Kreativität kann man die Reize eines Wintergartens noch steigern, indem man durch den Einsatz von Textilien die visuellen Eindrücke verstärkt und für eine entspannende, behagliche Atmosphäre sorgt.

Zusammen mit den blühenden Pflanzen, die sich auf allen Flächen drängen, wirken die Stoffe aus Naturfasern, die für diesen einladenden Wintergarten ausgewählt wurden, frisch wie die Natur selbst – erstaunlich, wenn man bedenkt, daß sie ungewöhnlich strapazierfähig sind. Einfache Streifen und mit dem Grün der Pflanzen verschmelzende Blattmuster in Creme und Grüntönen vermischen sich unmerklich mit dem Laub und überlassen den Blüten den dominierenden Part in einer reizvollen Kombination.

Leider kann der Sonnenschein, den Sie und Ihre Pflanzen so lieben, Stoffen beträchtlichen Schaden zufügen; es gibt nur wenige Farbstoffe, die so farbecht sind, daß sie die ständige Einwirkung von Sonnenlicht überstehen, ohne zu verblassen. Allerdings gibt es Stoffe – und das sind gewöhnlich die qualitätsvolleren –, die weniger leicht verblassen als andere. Kräftige Farben wie intensives Blau bleichen bei Sonneneinstrahlung besonders leicht aus. Wir haben dieses Problem gelöst, indem wir die am stärksten exponierte Stelle, das Fenster, mit naturfarbenem Baumwollstoff verkleidet haben. Wenn Sie sich für einen unifarbenen Stoff oder ein Muster entscheiden, vergewissern Sie sich, ob der Stoff einigermaßen farbecht ist, aber füttern Sie die Vorhänge und Rollos auf alle Fälle, um sie zusätzlich zu schützen. Grundsätzlich sollten Sie auch bei anderen Raumtextilien darauf achten, daß sie farbecht sind, obwohl kaum eine andere Fläche der Sonne so stark ausgesetzt ist wie eine Fensterdekoration. Und wenn Ihre Vorhänge oder Polsterbezüge im Laufe der Zeit doch ein wenig verblassen, haben Sie vielleicht inzwischen gelernt, ihre sanfte, von der Zeit gezeichnete Patina zu schätzen.

Direkte Sonneneinstrahlung kann auch die Fasern schädigen, seien Sie also nicht enttäuscht, wenn die Stoffe in Ihrem Wintergarten schneller fadenscheinig werden als in anderen Räumen. Auch die Feuchtigkeit ist ein Faktor, den man berücksichtigen muß, besonders in einem Wintergarten, in dem Pflanzen gezüchtet werden und hohe Luftfeuchtigkeit herrscht. Daher ist es am besten, wenn Sie leichte Stoffe wählen, die gut zu waschen sind und schnell trocknen.

Für unseren langgestreckten Raum mit dem gefliesten Boden haben wir ein Farbkonzept aus verhaltenen Creme- und Grüntönen gewählt, das bezaubernd aussieht und trotzdem die Blicke nicht von den Geranien und Grünpflanzen ablenkt. Sie könnten natürlich auch das Blütenchaos durch ein Sortiment aufeinander abgestimmter, floraler Muster an Fenstern und Stühlen verstärken, oder Sie könnten alles ganz einfach gestalten und Unifarben kombinieren – zum Beispiel leuchtende, provenzalische Farben wie Gelb, Indigo und Scharlachrot oder gedämpfte Töne wie Burgunder, Jade und Rauch. Wenn Sie einen altmodischen Edwardian Look kreieren möchten, wählen Sie Kanevas und kräftige Baumwollstoffe in zurückhaltenden Streifenmustern und klassischen Wintergartenfarben wie Dunkelgrün.

GARDINENSTANGEN AUS BAMBUS

Wenn die Vorhänge in Ihrem Wintergarten aus verhältnismäßig leichten Stoffen sind, unterstreichen Sie das pflanzliche Thema und wählen Sie anstelle gewöhnlicher Gardinenstangen Bambusstangen, wie man sie im Garten für Wicken und rankende Bohnen verwendet. Sie sind in verschiedenen Längen im Handel zu haben, und außerdem kann man sie leicht mit einer kleinen Säge auf die gewünschte Länge kürzen. Bambus ist etwas natürlich Gewachsenes und paßt vorzüglich zu den anderen Materialien, die man gewöhnlich in Wintergärten antrifft, wie Ziegel, Stein, Holz und Terrakotta.

Wenn Sie Bambus als Gardinenstange verwenden, legen Sie sie auf große, schalenförmige Halterungen aus Messing, anstatt die üblichen, schwerfälligen Exemplare für konventionelle Gardinenstangen zu benutzen. Und falls Sie die Vorhänge an der Decke befestigen müssen, nehmen Sie kleine Gardinenringe aus Messing.

Natürlich können Sie diese Idee in jedem Raum verwirklichen, dessen Ausstrahlung frisch und spontan ist; hängen Sie Kaffeehausvorhänge in der Küche an eine kurze Bambusstange oder kombinieren Sie den Bambus mit einer hauchdünnen Musselindraperie im Schlafzimmer.

SONNENROLLOS ZUM AUFROLLEN ANFERTIGEN

Eines der hübschesten und einfachsten Rollos, das man sich vorstellen kann, besteht aus einem Stoffrechteck. Es wird oben an einer Stange befestigt und von unten her aufgerollt; fixiert wird es mit zwei Bändern in der gewünschten Höhe.

Da unser Wintergarten von draußen nicht einsehbar ist, muß man die Rollos nicht so weit herunterlassen. Wenn Sie Ihre Rollos weiter unten fixieren möchten, achten Sie darauf, daß die Bänder lang genug sind. Da lange Rollos schwerer sind, müssen die Bänder an der Gardinenstange festgemacht werden und dürfen nicht einfach um den Stoff geschlungen werden wie auf unserem Foto.

Die unkomplizierte Machart unserer Rollos bedeutet, daß sie von Hand aufgerollt werden müssen. Das sollte aber in einem Wintergarten kein Problem sein, denn dort muß man die Rollos nicht jeden Abend herunterlassen und jeden Morgen wieder aufrollen, wie in den anderen

Räumen. Wenn Sie das aber trotzdem tun möchten, wären Sie mit Springrollos oder Faltrollos besser bedient.

Wir haben für unsere Rollos einen naturfarbenen Baumwollstoff und als Kontrast grüne Bänder gewählt. Der Vorteil ungemusterter Stoffe liegt darin, daß sie eine unauffällige Folie für eine spektakuläre Präsentation von Blumen und Pflanzen abgeben – und außerdem sehen sie von draußen genauso hübsch aus wie von drinnen.

Wenn Sie lieber gemusterte Stoffe hätten, schauen Sie nach einem Webmuster mit Karos oder Streifen, das auf beiden Seiten gleich aussieht. Oder füttern Sie die Rollos mit einem normalen Vorhangfutter oder einem anderen Stoff, der Ihnen gefällt. Ein Futter macht das Rollo natürlich viel schwerer; wenn Sie also zwei kräftige Baumwollstoffe verwenden, brauchen Sie eine stärkere Gardinenstange und stärkere Bänder.

ARBEITSMATERIAL

*Weißer oder cremefarbener, mittel-
schwerer Baumwollstoff
Passendes Nähgarn
Baumwollband, 12 mm breit
Farbiges Gurtband, starkes Baumwoll-
band oder Ripsband
Band, 5 cm breit
Bambusstange
Holzdübel, 18 mm Durchmesser
Zwei lange Halterungen zum Einschrau-
ben für die Bambusstange*

MASSNEHMEN

Messen Sie, wie lang die Bambusstange sein muß (hier: von einer Innenkante des Fensterrahmens bis zur gegenüberliegenden). Schneiden Sie eine Bambusstange und eine Holzleiste in der gleichen Länge für die Unterkante des Rollos.

Schneiden Sie einen mittelschweren Baumwollstoff für die Rollos zu: die Breite entspricht der Länge der Bambusstange plus 5 cm; die Länge wird von der Unterkante der Bambusstange bis zur Unterkante des Fensters gemessen plus 15 cm Zugabe.

1. Auf jeder Seite des Rollos einen Doppelsaum von 12 mm einschlagen; bügeln; steppen.

2. An der Oberkante einen Doppelsaum von 12 mm einschlagen; bügeln; steppen.

3. An der Unterkante wird ein Futteral für die Holzleiste genäht: einen Doppelsaum von 12 mm einschlagen; bügeln; steppen. Noch einmal 5 cm umlegen. Dicht neben der ersten Steppnaht eine zweite steppen. Das Futteral an den Enden offenlassen, damit man die Holzleiste durchstecken kann.

4. Von dem Baumwollband 30 cm lange Stücke zum Anbinden des Rollos an die

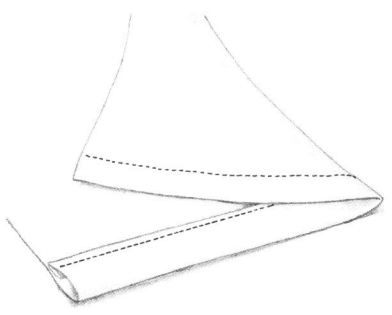

Gardinenstange schneiden. Jedes Band in der Mitte zusammenfalten und an dem Knick mit festen Stichen an der gesäumten Oberkante annähen (siehe Abbildung). Beginnen Sie mit dem Annähen der Bänder an beiden Enden, plazieren Sie die übrigen Bänder in regelmäßigen Abständen von etwa 15 cm.

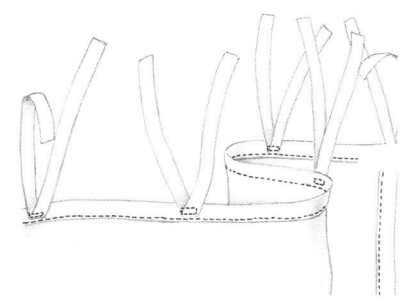

5. Die Holzleiste durch das Futteral an der Unterkante des Rollos schieben. Die Haken für die Bambusstange einschrauben und die Stange in Position bringen.

6. Das Rollo an die Bambusstange binden. Die äußeren Bänder rechts und links außerhalb der Haken binden.

7. Probieren Sie aus, wie tief das Rollo hängen soll, wenn es nicht vollständig ausgerollt ist. Das Gurtband in doppelt so lange Stücke plus 45 cm zum Binden schneiden; in Abständen von ungefähr 60 cm um das Rollo schlingen, wie das Foto zeigt. Wenn es sich um einen besonders schweren Stoff handelt, schlingen Sie das Band außerdem um die Bambusstange.

Wir haben unsere Rollos mit Bändern aus dem gleichen Stoff an der Gardinenstange befestigt. Aber genausogut könnte man sie durch eine Futteralkante oder ein Futteral auf der Rückseite der Oberkante stecken. Zum Hochbinden des Rollos kann man farblich abgestimmtes Gurtband oder Ripsband nehmen.

EINEN VORHANG MIT SCHLAUFEN ARBEITEN

ARBEITSMATERIAL

Vorhangstoff
Passendes Nähgarn
Futterstoff
Steifleinen, 10 cm breit (wahlweise)
Ein Knebel oder Knopf pro Schlaufe
Gardinenstange

Diesen Vorhang mit Schlaufen und Knebeln kann man auch als zweiteilige Fensterdekoration arbeiten. Mit seiner zurückhaltenden Eleganz eignet er sich für Räume mit unkonventioneller Atmosphäre und natürlich auch für ein ländliches Ambiente. Kurz oder lang oder auch als Kaffeehausvorhang aufgemacht – alles ist möglich. Die Arbeitsanleitung sieht eine Verstärkung mit Steifleinen vor; sollten Sie, wie wir übrigens auch, einen etwas weicheren Look bevorzugen, können Sie das Steifleinen weglassen.

GEGENÜBERLIEGENDE SEITE: Der Stoff mit dem reizenden Blattmuster, mit dem der ehrwürdige, grazile Rohrstuhl bezogen wurde, ist zwar nagelneu, wirkt aber so zeitlos, als wären die zwei schon immer beisammen gewesen.

UNTEN: Auf die Spitze jeder Schlaufe haben wir zur Dekoration einen Holzknebel genäht. Große Hornknöpfe würden genausogut ins Konzept passen.

MASSNEHMEN

Messen Sie die Breite der Vorhangstange und die erforderliche Länge des Vorhangs, beginnend 5 cm unterhalb der Stange, bis zum Fußboden. Die Breite des Vorhangs sollte 1½mal die Länge der Gardinenstange betragen plus 8 cm für die seitlichen Säume. Zur Länge werden 2,5 cm für die Oberkante und 10 cm für den unteren Saum zugegeben.
Das Futter sollte ebenfalls 1½mal so breit sein wie die Gardinenstange, zur Länge des Vorhangs werden 2,5 cm für die Oberkante und 6,5 cm für den unteren Saum zugegeben.
Bei der Breite der Schlaufen sollte man sich nach dem Stoff richten. Unsere Schlaufen wurden aus zwei Streifen von je 7,5 cm Breite und 23 cm Länge inklusive Zugaben gearbeitet.
Zur Versteifung der Oberkante kann man, falls gewünscht, einen 10 cm breiten Streifen Steifleinen in der Länge des Vorhangs einarbeiten.

1. Das Steifleinen, falls zutreffend (siehe S. 17), 2,5 cm unterhalb der oberen Schnittkante auf der Rückseite des Vorhangstoffes mit losem Hexenstich annähen. An beiden Seiten 4 cm für die Säume freilassen.

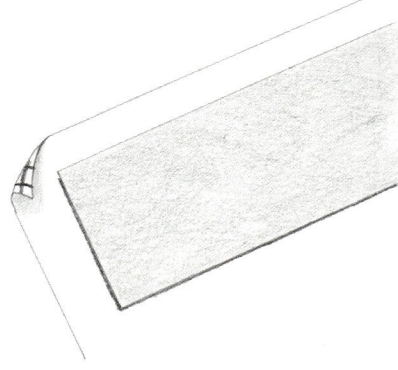

2. Den Vorhangstoff flach hinlegen, die linke Seite nach oben. An beiden Seitenkanten 4 cm auf die linke Seite umlegen, bügeln. An der Oberkante 2,5 cm auf die linke Seite umlegen, bügeln. Beim Futterstoff an beiden Seitenkanten 2 cm auf die linke Seite umlegen, an der Oberkante 2,5 cm.

4. Den Vorhangstoff an der Unterkante 2 cm nach innen umlegen, bügeln. Die restlichen 8 cm umlegen, mit Fallstich annähen (siehe S.17), das Futter darüberlegen. Die Seitenkanten des Futterstoffes mit Fallstich an den Vorhangstoff annähen.

6. Die Schlaufen in regelmäßigen Abständen auf der Oberkante des Vorhangs verteilen. Die versäuberten Schnittkanten der Schlaufen 2,5 cm tief zwischen Vorhangstoff und Futter schieben. Die Oberkante des Futterstoffes an die Oberkante des Vorhangstoffes stecken (die Schlaufen einbeziehen): heften. Mit Fallstich aneinandernähen. Bei den Schlaufen eine doppelte Reihe Stiche nähen, damit sie möglichst fest sitzen. Die Stiche werden auf der Vorderseite durch die Schlaufen verdeckt. (Die Oberkante des Vorhangstoffes muß eine Idee über die Kante des Futters hinausragen, damit das Futter von der rechten Seite nicht zu sehen ist.)

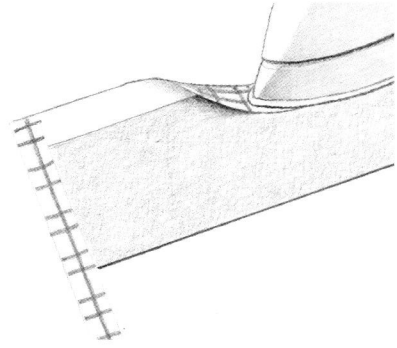

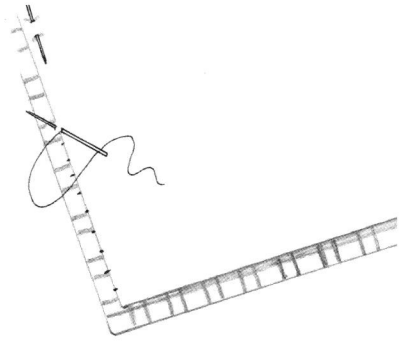

3. An der Unterkante des Futters einen Doppelsaum von 4 cm umlegen; bügeln; steppen. Vorhangstoff und Futter aufeinanderlegen, links auf links, Oberkanten genau aufeinander. Das Futter an der Oberkante und an den beiden Seitenkanten an den Vorhangstoff anstecken.

5. Die beiden Stoffstreifen für die Schlaufe übereinanderlegen, rechts auf rechts. Die Seitenkanten und die Spitze am Ende mit 12 mm Saumzugabe steppen (siehe S. 135, Schritt 4). Die Schnittkanten versäubern; den Stoff an der Spitze bis dicht an die Naht abschneiden. Die rechte Seite nach außen drehen, die Nähte ausbügeln. Die Kanten am anderen Ende versäubern.

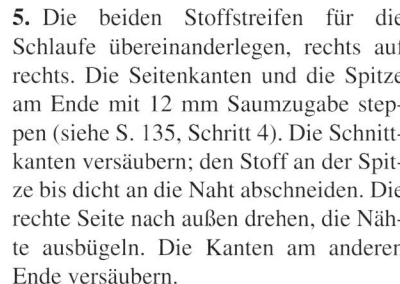

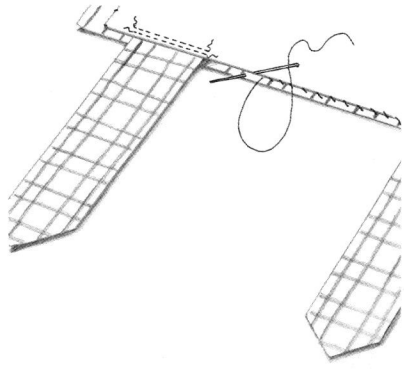

7. Die Schlaufen auf die Vorderseite umkippen; festnähen, mit gleichem Faden den Knebel oder den Knopf annähen.

8. Die Gardinenstange durch die Schlaufen des fertigen Vorhangs stecken.

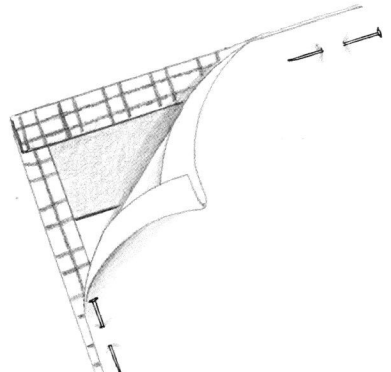

Ein gepolstertes Futter für einen Korbsessel arbeiten

Ein Korbsessel mit einem dick gepolsterten Futter kombiniert den Reiz eines Wintergartens mit der Behaglichkeit traditioneller Polstermöbel. Ein Polster für einen klassischen Korbsessel ist eine hübsche Idee zum Selbermachen, praktisch und geeignet für fast jeden Raum – das Schlafzimmer, das Speisezimmer und das Wohnzimmer, und natürlich auch für eine Rasenfläche im Hochsommer.

Das Polster wird in zwei Teilen gearbeitet: ein Teil für Rücken- und Armlehnen und ein gepaspeltes Polster für den Sitz. Das Polsterkissen ist mit Schaumstoff gefüllt, der den Feuerschutzbestimmungen entspricht. Wir würden eine (Schaumstoff-)Dichte von mindestens 40 kg/m³ vorschlagen. Wenn Sie lieber eine Feder- oder Polyesterfüllung hätten, bringen Sie Ihr Schnittmuster am besten zu einem Polsterer und lassen sich ein Kissen nach Maß machen. Das Polster für Rücken- und Armlehne besteht aus synthetischem Füllmaterial, von Stoff umhüllt. Unser Polster ist nicht permament am Sessel befestigt, denn erstens muß es zum Waschen öfters abgenommen werden, und zweitens ist unser Korbstuhl so dicht geflochten, daß es unmöglich wäre, mit einer Nadel durch das dichte Rohrgeflecht zu stechen.

Sollte Ihr Korbstuhl weniger dicht geflochten sein, könnten Sie das Polster mit ein paar Stichen am Paspel der Rücken- und Armlehnen am Korbgeflecht befestigen; ein paar Knöpfe quer über die Rückenlehne und auf der Innenseite der Armlehnen würden für einen festen Sitz sorgen und könnten auch optisch sehr reizvoll sein. Unser zweiter Korbsessel ist durchgehend gepolstert – hier haben wir nur die bestehende Polsterung erneuert. Wir haben die Rohrstreifen, die das Polster festhalten und Nägel und Schnittkanten verdecken, entfernt und später durch neue ersetzt.

Für diese Art von Polstermöbeln sind waschbare Polsterstoffe aus Baumwolle oder Leinen am praktischsten. Wir haben einen feinen Jacquard mit pflanzlichen Motiven gewählt, aber auch ein kleingemusterter Stoff könnte sehr attraktiv sein. Großformatige Motive würden auf den verhältnismäßig kleinen Flächen nicht zur Geltung kommen. Farben von mittlerer Leuchtkraft eignen sich am besten, starke Farben und dunkle Schattierungen wirken zu schwer in Verbindung mit Korbgeflecht, und Stoffe in sehr hellen Farben müßten zu häufig gewaschen werden. Für Ihre eigene Sicherheit sollten Sie schwerentflammbare Stoffe kaufen.

ARBEITSMATERIAL

Papier für ein Schnittmuster
Polsterstoff
Passendes Nähgarn
Polyester-Füllmaterial, mittelstark
Schaumstoff für das Sitzpolster,
5–8 cm stark ·
Kordel für den Paspel, vorgewaschen
Reißverschluß, 10 cm länger als die
Breite der Rückenlehne (wahlweise)

Bevor Sie den Stoffbedarf errechnen, schneiden Sie sich ein Papiermuster. Beginnen Sie mit dem Muster für das Sitzkissen. Legen Sie das Papier auf den Sitz und drücken Sie es mit den Fingern oder dem stumpfen Ende einer Schere rundherum in die Ritzen zwischen Sitz und Lehnen. Schneiden Sie das Papiermuster aus. Nach der gleichen Methode schneiden Sie das Muster für das Polster: Es beginnt auf der Vorderseite einer Armlehne, läuft über die Rückenlehne und endet auf der Vorderseite der anderen Armlehne. Wenn Sie den Stoffbedarf errechnen, rechnen Sie zweimal die Maße der Papiermuster plus 12 mm Nahtzugaben rundherum, die Maße für den Zwickel des Polsterkissens und 90 cm für den Paspel.

GEGENÜBERLIEGENDE SEITE: Ein traditioneller Ohrensessel mit Polster, in diesem Fall aus Rattan, paßt sehr gut in einen Wintergarten. Wenn das Polster für Ihren Korbsessel perfekt passen soll, fertigen Sie ein Papiermuster nach den Maßen des Stuhles an, nach dem Sie den Stoff und das Polster zuschneiden können.

DEN PASPEL ARBEITEN

Sie brauchen genügend Paspel für die Ober- und Unterkante des Zwickels am Sitzkissen und für die Oberkante der Rücken- und Armlehnen. Die Schnur für den Paspel wird in einen Schrägstreifen aus Polsterstoff eingehüllt.

1. Zum Schneiden der Schrägstreifen zuerst die Diagonale des Stoffes fixieren: eine Ecke des Stoffes umkippen, bis die Webkante parallel zum Schußfaden verläuft (unten links). Den Knick bügeln; parallel zu dieser Linie im Abstand von 2,5 cm mit einem langen Lineal und Schneiderkreide oder einem spitzen Buntstift Linien ziehen.

2. Die Streifen ausschneiden. Die Enden zusammenfügen, rechts auf rechts, die Streifen im rechten Winkel zueinander verlaufend. Steppen. Die Naht ausbügeln usw. Die Spitzen abschneiden.

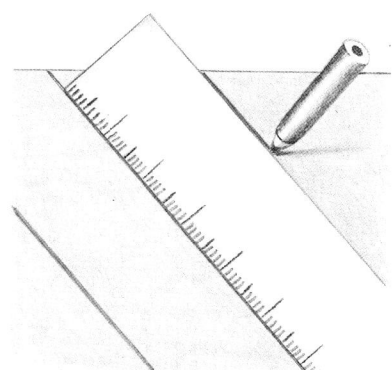

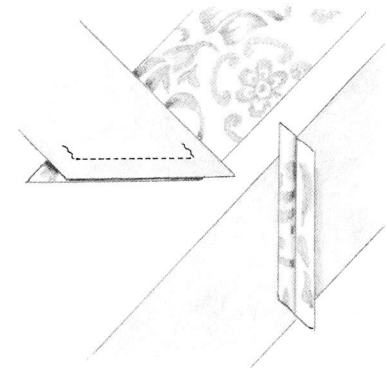

3. Die Kordel in die Mitte des Stoffstreifens auf die linke Seite legen; den Schrägstreifen zusammenfalten. Dicht an der Kordel heften; mit dem Reißverschlußfuß der Maschine steppen.

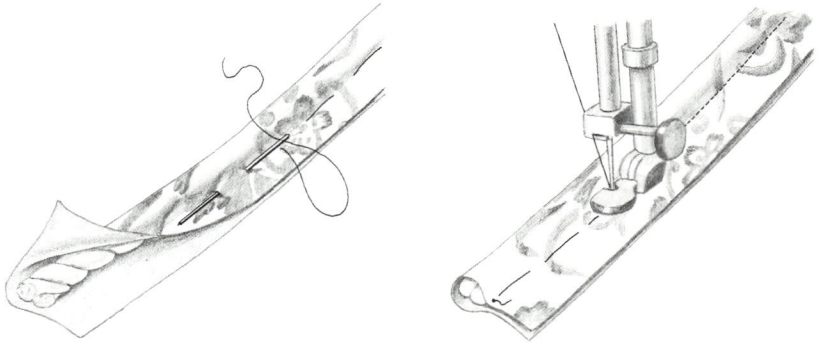

DAS SITZKISSEN ARBEITEN

1. Das Papiermuster auf den Schaumstoff übertragen. Der Schaumstoff schneidet sich besser mit einem Haushaltsmesser als mit einer Schere.

2. Nach dem Papiermuster zwei Stücke Polsterstoff für die Deckplatte und die Unterseite des Polsterkissens mit einer Nahtzugabe von 12 mm rundherum zuschneiden. Einen Zwickel für das Kissen zuschneiden, der um alle vier Seiten läuft und so breit ist wie das Schaumstoffpolster; an allen Kanten 12 mm zugeben. Wenn Sie einen Reißverschluß einarbeiten wollen, damit der Bezug öfters gewaschen werden kann, drei Teile für den Zwickel schneiden: ein Teil bedeckt die Vorderseite und zwei Drittel der beiden angrenzenden Seiten; zwei Teile bedecken die Rückseite und ein Drittel der beiden angrenzenden Seiten. Die beiden Stücke für die Rückseite werden nur halb so breit geschnitten wie der Zwickel, mit einer Nahtzugabe von 12 mm rundherum. Sie werden der Länge nach aneinandergenäht, in die Mitte der Naht wird der Reißverschluß eingesetzt. Die Zwickelteile zu einem Kreis zusammensetzen.

3. Den Paspel auf die obere Deckplatte legen, rechts auf rechts, die Schnittkanten übereinander, nach außen zeigend. In der Mitte der hinteren Seite beginnen, dicht neben der Kordel; auf der Nahtlinie stecken. Heften. Mit der Maschine und dem Reißverschlußfuß ansteppen.

4. An den vorderen Ecken die Naht abrunden, die Schnittkante des Paspelstreifens einkerben, damit sich der Paspel glatt anlegt und der Bezugstoff sich an den Ecken nicht zusammenzieht.

5. An der Stelle, wo sich die beiden Enden des Paspels treffen, die Nähte der Stoffhülle ungefähr 2,5 cm auftrennen und die Stoffstreifen übereinanderschieben. Die Kordel aufdröseln, die Stränge auf verschiedene Längen kürzen und beide Enden lose zusammendrehen, so daß sie glatt ineinander übergehen. Den

Schrägstreifen wieder über die Kordel legen, den Paspel fertig annähen.

6. Die Prozedur an der Unterseite des Kissenbezuges wiederholen, und den Paspel rundherum annähen.

7. Den Zwickel an die Deckplatte annähen. Deckplatte flach hinlegen, die rechte Seite nach oben. Den Zwickel darauflegen, rechts auf rechts, Schnittkante auf Schnittkante, steppen.

8. Die andere Seite des Zwickels, rechts auf rechts, an die Unterseite des Kissenbezuges steppen. An einer Seitenkante eine Öffnung zum Einführen des Polsters

lassen (oder den Reißverschluß, falls gewünscht, offenlassen).

9. Die rechte Seite der Bezuges nach außen drehen, das Schaumstoffpolster hineinstecken, die Öffnung mit Fallstich zunähen (oder den Reißverschluß schließen).

DAS POLSTER FÜR DIE RÜCKEN- UND SEITENLEHNEN ARBEITEN

1. Das Füllmaterial nach dem Papiermuster mit einer Nahtzugabe von 12 mm rundherum zuschneiden. Nach dem glei-

chen Muster zwei gleich große Stücke Bezugstoff zuschneiden.

2. Den Paspel vorbereiten, auf die rechte Seite eines der beiden Teile für das Rückenpolster legen, die Schnittkanten nach außen. Heften: an der Vorderseite einer Armlehne beginnend, nach oben, über die Rückenlehne und an der anderen Armlehne wieder nach unten. Mit der Maschine und dem Reißverschlußfuß ansteppen.

3. Das Füllmaterial auf die linke Seite der anderen Hälfte heften. Die beiden Hälften für das Rückenpolster übereinanderlegen, rechts auf rechts, die Schnittkanten übereinander, der Paspel liegt zwischen den Stoffschichten. Das Füllmaterial muß bis an die Schnittkante reichen. Alle drei Teile: Vorderteil, Paspel und Rückenteil auf der Nahtlinie aneinandersteppen.

4. An der noch offenen Unterkante das Füllmaterial bis zur Nahtlinie abschneiden. Die Nahtzugabe der hinteren Hälfte über das Füllmaterial legen; die Nahtzugabe der vorderen Hälfte auf die linke Seite kippen. Das ganze Polster mit der rechten Seite nach außen drehen; die Unterkante des Polsters zustecken; die Naht mit Fallstich schließen.

5. Damit das Füllmaterial nicht verrutscht und das Rückenpolster in Form bleibt, auf beiden Seiten an der Stelle, wo Rücken- und Seitenteile zusammentreffen, mit winzigen Stichen eine Steppnaht von oben nach unten von Hand nähen.

6. Falls gewünscht, kann man oben, an den Ecken des Rückenteils, Bänder annähen und das Polster am Stuhl befestigen. Die Bänder kann man aus den Resten des Schrägstreifens anfertigen: der Länge nach zusammenfalten, rechts auf rechts. Entlang der Schnittkanten steppen, die rechte Seite nach außen drehen, die Enden versäubern. Das Band noch einmal der Länge nach zusammenfalten und am Rückenteil dicht am Paspel annähen.

WIE MAN LIEGESTÜHLE UND REGIESTÜHLE AUFMÖBELT

Es wird schwer sein, etwas zu finden, das mit den klassischen Liegestühlen und Regiestühlen in bezug auf ihre Verwendbarkeit, ihren Gebrauchswert und ihren Stil konkurrieren kann. Sie werden seit eh und je im gleichen Stil aus Holz und Kanevas hergestellt, sie lassen sich flach zusammenlegen und platzsparend verstauen, und sie tauchen immer wieder auf und verwandeln sich im Nu in bequeme Sitzgelegenheiten für den Garten oder im Freien.

Wenn die Rahmen noch in Ordnung sind, kann man alten Stühlen ein Facelifting verpassen und ihre abgenutzten oder ausgeblaßten Bezüge durch neue ersetzen. Zur Abwechslung könnte man statt des üblichen einfarbigen oder gestreiften Kanevas einen Polsterstoff verwenden und den Bezug doppelt arbeiten, damit er länger hält. Um den Stoffbedarf zu errechnen, trennen Sie die alten Bezüge vorsichtig ab und verwenden sie als Kaufhilfe und Schnittmuster; sollte sich der Stoff im Laufe der Zeit verzogen haben und länger geworden sein, beziehen Sie das in Ihre Kalkulation ein. Gute Stoffe, die man zum Polstern verwendet, sind kräftig genug, Gewichte in gewissen Grenzen auszuhalten, vorausgesetzt, man verwendet starkes Nähgarn – auch doppelte Nähte wären eine gute Idee. Wenn Sie die Bezüge besonders haltbar machen möchten, können Sie den Polsterstoff mit gewöhnlichem Kanevas unterlegen und vielleicht sogar eine dünne Polsterschicht aus synthetischem Füllmaterial dazwischenlegen und die Schichten mit Quiltnähten verfestigen.

Denken Sie daran, daß der Kanevas für Liegestühle fast allen Wetterbedingungen standhalten muß, während Polsterstoffe nicht für die Verwendung im Freien gedacht sind; lassen Sie Ihre Stühle also nicht im Regen stehen und lassen Sie sie nicht über Nacht im Garten, denn der Morgentau fordert seinen Tribut. Auch wenn sie im Wintergarten stehen und nicht ständig gebraucht werden, sollte man sie im Haus aufbewahren.

Wir haben für unsere Klappstühle zwei Stoffe in frischen Grüntönen gewählt: ein helles Blattmuster für den Regiestuhl und ein kräftiges Streifenmuster für den Liegestuhl und die dazugehörige Kopfstütze, die mit Knöpfen am Stuhl befestigt wird und zum Waschen abgenommen werden kann.

Ähnlich wie unser Vorhang an der Tür ist dieser Liegestuhlbezug mit funktionellen Laschen ausgestattet. Hier sind die Knöpfe nicht nur dekorativ – sie fixieren das Kopfpolster und erleichtern das Entfernen des Polsters zum Waschen.

ARBEITSMATERIAL

Für den Liegestuhl:
Dichtgewebter Polsterstoff
Passendes Nähgarn
Kanevas für Liegestühle (wahlweise)
Garn zum Quilten oder extra starkes
Garn
Kissenpolster
Vier Köpfe
30 cm langer Reißverschluß
Polsternägel
Hammer

MASSNEHMEN

FÜR DEN BEZUG DES LIEGESTUHLS

Die Polsternägel vorsichtig entfernen und den alten Bezug abnehmen. Er dient als Schnittmuster für den neuen Stoff, bei dem man in der Breite 10 cm für Säume zugeben muß. Wenn Sie den Bezug mit Kanevas unterlegen möchten, gelten die Maße des alten Kanevasbezuges.

Für die Kopfstütze brauchen Sie ein Kissenpolster in der Breite des alten Bezuges und 25 cm Länge. Schneiden Sie ein Stück Polsterstoff in den Maßen des Polsters zu, machen Sie rundherum eine Nahtzugabe von 2,5 cm. Schneiden Sie zwei weitere Stücke Polsterstoff in der gleichen Länge zu, die aber nur halb so breit sind, und geben Sie jeweils 4 cm in der Breite zu. Zum Schluß schneiden Sie acht Stücke Stoff in den Maßen 6,5 × 25 cm zu für die Laschen.

Für den Regiestuhl:
Dichtgewebter Polsterstoff
Passendes Nähgarn
Kanevas für Liegestühle (wahlweise)
Quiltgarn oder anderes starkes Garn
Polsternägel
Hammer

FÜR DEN BEZUG DES REGIESTUHLS

Die alte Rückenlehne entfernen, die Breite messen und 5 cm dazurechnen. Die Länge messen und 2,5 cm für Nähte zugeben. Zwei Stücke Stoff in diesen Maßen zuschneiden. Den alten Stoff für den Sitz mit einem scharfen Messer von den beiden seitlichen Rahmenleisten lösen. Die Stoffreste um die Nägel herum entfernen und die Nägel mit ein paar Hammerschlägen im Holz versenken. Falten Sie den Stuhl auseinander, messen Sie die Sitzbreite von der Außenkante einer Rahmenleiste bis zur Außenkante der anderen und fügen 5 cm hinzu. Zur Tiefe des alten Sitzes fügen Sie 7,5 cm hinzu. Wenn Sie den Stoff mit Kanevas unterlegen wollen, gelten die gleichen Maße wie für den Sitz, aber ohne die zusätzlichen 7,5 cm.

DEN BEZUG FÜR DEN LIEGESTUHL ARBEITEN

1. Falls Sie Kanevas unterlegen, müssen Sie ihn auf der Rückseite des Polsterstoffes zentrieren. Damit die beiden Stoffe beim Benutzen nicht auseinanderrutschen, den Kanevas unauffällig mit Quiltnähten am Polsterstoff befestigen. Den Kanevas, der auf unserem Foto zu sehen ist, könnte man in geraden Linien, von oben nach unten, entlang der Außenkanten der breiten grünen Streifen quilten. Den Stoff für den Regiestuhl könnte man gegebenenfalls mit einigen Blattmotiven umranden.

2. An den langen Seiten einen Doppelsaum von 2,5 cm umlegen (um die Kanevasverstärkung herum, falls zutreffend). Beide Säume mit starkem Nähgarn mit der Maschine steppen. Eine doppelte Naht hält doppelt so gut.

3. An den schmalen Enden die Schnittkanten 2,5 cm umlegen, heften. Den Stoff flach hinlegen, den Stuhlrahmen darauflegen, so daß die Stoffkanten mit den Seitenkanten des Stuhles parallel verlaufen. Am oberen Ende den Stoff über die Querverstrebung des Rahmens legen und mit Polsternägeln auf der Rückseite befestigen: in der Mitte beginnen und zu jeder Seite drei weitere Nägel einschlagen. Die Prozedur an der unteren Querverstrebung wiederholen.

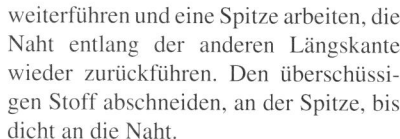

4. Für die Laschen jeweils zwei der vorbereiteten Stoffrechtecke übereinanderlegen, rechts auf rechts. An einer der langen Kanten mit einer Nahtzugabe von 12 mm bis 4 cm vom Ende entfernt aneinandersteppen; die Naht zur Mitte der Lasche

weiterführen und eine Spitze arbeiten, die Naht entlang der anderen Längskante wieder zurückführen. Den überschüssigen Stoff abschneiden, an der Spitze, bis dicht an die Naht.

5. Mit der Maschine oder von Hand ein Knopfloch in die Spitze der Lasche arbeiten. Die drei anderen Laschen auf die gleiche Art und Weise vorbereiten.

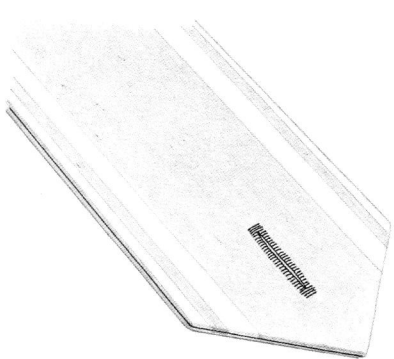

6. Für die Kopfstütze die beiden kleineren Stoffrechtecke übereinanderlegen, rechts auf rechts. Mit einer Nahtzugabe von 2,5 cm eine der langen Kanten aneinandersteppen und in der Mitte der Naht 30 cm offenlassen. Den Reißverschluß einarbeiten.

7. Den Reißverschluß geöffnet lassen, das Vorder- und das Rückenteil der Kopfstütze aufeinanderlegen, rechts auf rechts. Beide Stücke mit einer Nahtzugabe von 12 mm rundherum aneinandersteppen. Die Ecken abschrägen, die rechte Seite nach außen drehen. Das Polster in den Bezug schieben und den Reißverschluß schließen.

8. Die Laschen mit den geraden Enden an der Rückseite der Querleiste anlegen, gleichmäßig über die Breite verteilen. Mit Polsternägeln über dem Bezugstoff am Rahmen befestigen (Schritt 3).

9. Das Kissen an den Liegestuhl halten, die Position der Knöpfe markieren. Das Polster herausnehmen und die Knöpfe annähen. Das Polster wieder in den Bezug stecken, die Kopfstütze anknöpfen.

DEN BEZUG FÜR DEN REGIE-STUHL ARBEITEN

1. Die beiden Stoffrechtecke für das Rückenteil aufeinanderlegen, rechts auf rechts. An den beiden langen Kanten mit einer Nahtzugabe von 12 mm aneinandersteppen.

Selbst wenn Sie weder Garten noch Wintergarten haben, ist ein Regiestuhl auch für andere Räume ein idealer Reservestuhl, der sich leicht zusammenfalten und verstauen läßt, wenn man ihn braucht.

2. Die rechte Seite nach außen drehen. Die Nähte ausbügeln. Die Nähte mit einer zweiten Naht verstärken, 6 mm von der ersten Naht entfernt.

3. An den kurzen Kanten die Schnittkanten 2,5 cm nach innen umlegen, steppen. Eine der kurzen Kanten um einen der

Rückenpfosten legen und auf der Rückseite mit Polsternägeln befestigen. Die Prozedur auf der anderen Seite wiederholen.

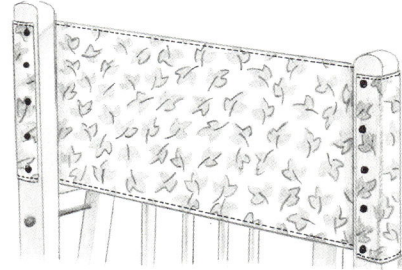

4. Beim Stoff für den Sitz an den langen Kanten einen Doppelsaum von 2,5 cm umlegen, steppen. Falls Sie den Sitz mit Kanevas verstärken, die Säume um die Kanten des Kanevas herumlegen (siehe Liegestuhl, Schritt 1 und 2).

5. An den kurzen Kanten 2,5 cm umlegen, bügeln. Den Stuhl zusammenfalten, eine der Kanten um eine der seitlichen Rahmenleisten herumlegen und mit Polsternägeln befestigen; den ersten Nagel in der Mitte einschlagen und zu den Seiten hin weiterarbeiten. Die andere Kante an der gegenüberliegenden Rahmenleiste befestigen.

Riesige, gestreifte Markisen verwandeln die große, offene Terrasse einer Stadtwohnung in einen zusätzlichen hellen und geschützten Raum. Der schwarze Finish und der schwarze Bezug geben dem modernen Liegestuhl im Vordergrund einen unerwartet smarten Touch.

Diese Loggia in Florida wurde in einen unkonventionellen Wohnraum für die Familie umgewandelt. Die Kissen auf dem Pfauen-Stuhl und den beiden anderen Stühlen sind aus dem gleichen Stoff wie der lose Bezug der Sitzbank und das Raffrollo. Das breite Rollo mit der

Fransenborte ist maßgeschneidert und paßt genau in die große Bogenöffnung. Das intensive Rosa der Hortensien wird von den Kissenbezügen auf der Sitzbank vorsichtig aufgenommen. Das neutrale Farbkonzept ist eine kühle Folie für das üppige Grün des Gartens.

Von Laura Ashley empfohlene Fachgeschäfte

GROSSBRITANNIEN

The Blue Door
77 Church Road
London SW13 9HH
0181-748 9785

BWS Needlecraft Ltd
1a Tempsford Street
Kempston
Bedford MK42 8HR
Stickgarne
01234-841370

Colefax and Fowler
118 Garratt Lane
London SW18 4DJ
0181-874 6484
Chintzspezialitäten

Christopher Wray's Lighting Emporium
600 Kings Road
London SW6 2YW
0171-736 8434
Spezialist für Lampen und elektr. Zubehör

DMC Creative World Ltd
Pullman Road
Wigston
Leicester LE18 2DY
0116-2811040
Spezialist für Baumwoll- und Leinenstoffe

George Weil
Showroom
18 Hanson Street
London W1P 7DB
0171-580 3763

Mail order
Reading Arch Road
Redhill
Surrey RH1 1H6
Textilien und Textilfarben

Hess and Co
7 Warple Mews
Warple Way
London W3 0RS
0181-746 1366
Spezialist für Futterstoffe

John Lewis Partnership plc
Oxford Street
London W1Z 1EX
0171-629 7711
Hervorragende Kurzwarenabteilung

Ian Mankin
109 Regent's Park Road
London NW1 8UR
0171-722 0997

Just Fabrics
Burford Antique Centre
Cheltenham Road
Burford
Oxon OX8 4JA
01993 -823391
Unifarbige Chintze

Liberty
210-220 Regent Street
London W1R 6AH
0171-734 1234
Baumwoll-, Seiden- und Leinenstoffe,
uni oder gemustert

The Natural Fabric Company
Wessex Place
127 High Street
Hungerford
Berks RG17 0DL
01468-684002

VV Rouleaux
10 Symons Street
Sloane Square
London SW3 2TJ
0171-730 3125
Riesenauswahl an Bändern, Bordüren,
Kordeln, Quasten
und Verzierungen

Sanderson
112/120 Brompton Road
London SW3 1JJ
0171-584 3344

VEREINIGTE STAATEN

ABC Carpet & Home
888 Broadway
New York
NY 10003
(212) 473-3000

André Bon
979 Third Avenue
New York
NY 10022
(212) 355-4012

Clarence House
979 Third Avenue
New York
NY 10022
(212) 753-2890

Liberty of London
108 West 39th Street
New York
NY 10018
(212) 391-2150

Pierre Deux Fabrics
870 Madison Avenue
New York
NY 10021
(212) 570-9343

Scalamandre
950 Third Avenue
New York
NY 10022
(212) 980-3888

J. Schumacher & Company
79 Madison Avenue
New York
NY 10016
(212) 213-7900

Standard Trimming Co.
306 East 62nd Street
New York
NY 10021
(212) 355-4012

GROSSBRITANNIEN
LONDON
Brent Cross (nur Kleidung) 0181
202 2679
Chelsea 0171 823 7550
Covent Garden 0171 240 1997
Ealing 0181 579 5197
Kensington 0171 938 3751
Knightsbridge (nur Kleidung)
0171 823 9700
Knightsbridge (Einrichtungs-
haus) 0171 235 9797
Marble Arch 0171 355 1363
Oxford Circus 0171 437 9760

SHOPS AUSSERHALB
LONDONS
Aberdeen 01224 625787
Aylesbury 01296 84574
Banbury 01295 271295
Barnet 0181 449 9866
Bath 01225 460341
Bedford 01234 211416
Belfast 01232 233313
Beverley 01482 872444
Birmingham 0121 631 2842
Bishops Stortford 01279 655613
Bournemouth (nur Kleidung)
01202 293764
Brighton 01273 205304
Bristol, Broadmead 0117
9221011
Bristol, Clifton 0117 9277468
Bromley 0181 290 6620
Bury St Edmunds 01284 755658
Cambridge 01223 351378
Canterbury 01227 450961
Cardiff 01222 340808
Carlisle 01228 48810
Chelmsford 01245 359602
Cheltenham 01242 580770
Chester (nur Kleidung) 01244
313964
Chester (Einrichtungshaus)
01224 316403
Chichester 01243 775255
Colchester 01206 562692
Derby 01332 361642
Dudley 01384 79730
Eastbourne 01323 411955
Edinburgh (nur Kleidung) 0131
225 1218
Edinburgh (Einrichtungshaus)
0131 225 1121
Epsom 01372 739595
Exeter 01392 53949
Farnham 01252 712812
Gateshead 0191 493 2411
Glasgow 0141 226 5040
Guildford 01483 34152
Harrogate 01423 526799
Heathrow 0181 759 1951
Hereford 01432 272446
High Wycombe 01494 442394

Hitchin 01462 420445
Horsham 01403 259052
Ipswich 01473 216828
Ipswich 01473 721124
Isle of Man 01624 801213
Jersey 01534 608084
Kings Lynn 01553 768881
Kingston 0181 549 0055
Leamington Spa 01926 314584
Leeds 01132 450622
Leicester 01162 513165
Lincoln 01522 511611
Llanidloes 01686 412557
Maidstone 01622 750138
Manchester 0161 834 7335
Middlesbrough 01642 226034
Milton Keynes 01908 660190
Newcastle-Under-Lyme 01782
662014
Newport I.O.W. 01983 821806
Northampton (nur Kleidung)
01604 231975
Norwich 01603 632958
Nottingham 01159 503366
Oxford 01865 791689
Perth 01738 623141
Peterborough 01733 311766
Plymouth 01752 268344
Preston 01772 202425
Reading 01734 594313
Richmond 0181 940 9556
Salisbury 01722 338383
Sheffield 0114 2701855
Sheffield Meadowhall 01742
568221
Shrewsbury 01743 351467
Skipton 01756 700301
Solihull 0121 704 4344
Southampton 01703 228944
Southport 01704 546214
St Albans 01727 864611
Stockport 0161 474 7927
Stratford-Upon-Avon 01789
298852
Sutton 0181 643 9790
Sutton Coldfield 0121 355 3671
Swindon 01793 641727
Taunton 01823 288202
Tenterden 01580 765188
Torquay 01803 291443
Truro 01872 223019
Tunbridge Wells 01892 534431
Watford 01923 254411
Wilmslow 01625 535331
Winchester 01962 855716
Windsor (nur Kleidung) 01753
854345
Windsor (Einrichtungshaus)
01753 831456
Wolverhampton 01902 27293
Worcester 01905 20177
Worthing 01903 205160
Yeovil 01935 79863
York 01904 627707

REPUBLIK IRLAND
Cork 00 35 32 127 4070
Dublin 00 35 31 679 5433

EINRICHTUNGSHÄUSER
der Filialkette Sainsbury's Ho-
mebase
House and Garden Centres
Basildon 01268 584088
Basingstoke 01256 469510
Bath 01225 339293
Blackheath 0181 856 9767
Bradford 01274 611929
Branksome 01202 768311
Brentford 0181 847 2214
Camberley 01276 686227
Cardiff 01222 499675
Catford 0181 461 0606
Chelmsford 01245 257257
Chichester 01243 533373
Colchester 01206 869187
Coventry 01203 715901
Crawley 01293 538351
Crayford 01322 558614
Croydon 0181 684 8250
Derby 01332 291260
Enfield 0181 366 2236
Gloucester 01452 526806
Guildford 01483 304115
Harlow 01279 413355
Hatfield 01707 275837
Hendon 0181 200 7737
Hull 01482 572434
Ilford 0181 590 0212
Ipswich 01473 721124
Kensington 0171 603 2285
Kingston 0181 949 7861
Leeds 0113 2685010
Leicester 0116 2546075
Luton 0582 593445
Maidstone 01622 715400
Mill Hill 0181 203 7740
Milton Keynes 01908 692727
New Southgate 0181 368 1698
Newcastle-Under-Lyme 01782
711752
Northampton 01604 234143
Norwich 01603 417474
Nottingham 0115 9413885
Oldbury 0121 544 7333
Orpington 01689 890353
Oxford 01865 747979
Penge 0181 778 4214
Rayleigh Weir 01268 745374
Reading 01734 584572
Richmond 0181 876 2235
Rochester 01634 200088
Romford 01708 730326
Sheffield 0174 2555175
Southampton 01703 510098
Stockport 0161 474 7489
Swansea 01792 650935
Swindon 01793 487125
Tunbridge Wells 01892 546646

Wakefield 01924 387011
Walsall 01922 29524
Walsgrave 01203 602086
Waltham Cross 01992 625275
Walthamstow 0181 531 8233
Watford 01923 252075
Willesden 0181 459 3989
Wimbledon 0181 946 9802
Worcester 01905 420401
Worle 01934 512628
York 01904 643911

VEREINIGTE STAATEN
Albany 518 452 4998
Ann Arbor 313 747 6620
Annapolis 410 268 6906
Ardmore 215 896 8293/0208
Arlington 703 415 2111
Atlanta-Lenox 404 231 0685
Atlanta-Perimeter 404 395 6027
Austin 512 451 4036
Bal Harbour 305 864 5628
Beachwood 216 831 7621
Birch Run 517 624 9297
Birmingham 205 985 0090
Bluffton 803 837 2366
Boca Raton 407 368 5622
Boston 617 536 0505
Bridgewater 908 725 3700
Buffalo 716 681 8600
Burlington/Boston 617 272 4540
Burlington/Vermont 802 658
5006
Cambridge 617 576 3690
Carmel-by-the-Sea 408 624 8095
Central Valley 914 928 4561
Charleston 803 723 3967
Charlotte 704 362 0926
Charlottesville 804 971 7707
Chattanooga 615 855 5496
Chestnut Hill 617 965 7640
Chestnut Hill 215 242 9262
Chicago 312 951 8004
Cincinnati 513 793 5535
Columbus 614 224 5057
Corte Madera 415 924 5770
Costa Mesa 714 545 9322
Cranston 401 946 1211
Dallas-Galleria 214 980 9858
Dallas Northpark 214 369 5755
Danbury 203 790 5068
Dayton 513 299 9007
Denver 303 571 0050
Denver-Cherry Creek 303 322
9401
Des Moines 515 243 8881
Destin 904 654 2626
Edina 612 920 2811
Fairfax 703 352 7960
Farmington 203 521 8967
Fort Lauderdale 305 563 2300
Fort Worth 817 346 4666
Freeport 207 865 3300
Germantown 901 756 7036

Gilroy 408 848 5470
Glendale 818 242 0428
Grand Rapids 616 942 6828
Greenville 302 575 1653
Greenwich 203 661 5678
Grosse Pointe 313 886 6960
Hackensack 201488 0130
Hingham 617 740 4122
Honolulu 808 942 5200
Houston 713 871 9669
Houston/West Oaks 713 558
6113 + 971 9669 + 622 2262
Indianapolis 317 848 9855
Jacksonville 904 358 7548
Jeffersonville 614 948 2016
Kansas City 816 931 0731
King of Prussia 610 354 9137
Knoxville 615 558 6385
Lake Forest 708 615 1405
Lancaster 717 397 7116
Lexington 606 253 1724
Little Rock 501 666 0272
Los Angeles 310 854 0490
Los Angeles 310 553 0807
Louisville 502 585 2424
Manhasset 516 365 4636
McLean 703 827 0074
Miami 305 233 8911
Milwaukee 414 347 1930
Minnetonka 612 546 4613
Montgomery 205 284 7011
Myrtle Beach 803 236 4244
Nashville 615 383 0131
New Haven 203 782 9436
New Orleans 504 522 9403
New York City/Westside 212
496 5110
New York City/57th Street 212
752 7300
New York City/South Street Sea-
port 212 809 3555
Newport 401 846 6980
North Bethesda 301 984 3223
Northbrook 708 480 1660
Novi 313 348 9260
Oakbrook 708 572 9195
Oklahoma City 405 848 6252
Omaha 402 390 2085
Orlando 407 351 2785
Osage Beach 314 348 1337
Owings Mills 410 363 2455
Palm Beach 407 832 3188
Palm Beach Gardens 407 624
5901
Palm Springs 619 322 2099
Palo Alto 415 328 0560
Paramus 201 599 0650
Phoenix 602 956 6043
Pittsburgh 412 367 8881
Pittsburgh 412 621 0735
Pleasanton 510 463 8714
Portland 503 224 0703
Prince William 703 494 3124
Princeton 609 683 4760

Raleigh 919 781 1076
Reading 610 478 9604
Redondo Beach 310 542 4436
Richmond 804 644 1050
Richmond 804 740 1406
Ridgeland 601 957 9063
Rochester 507 287 1073
Sacramento 916 923 5696
Salt Lake City 801 363 8408
San Antonio 210 377 2833
San Diego 619 234 0663
San Diego 619 452 6116
San Francisco 415 788 0190
San Marcos 512 396 5570
Santa Ana 714 834 1211
Santa Barbara 805 682 8878
Santa Clara 408 244 3551
Scarsdale 914 723 8500
Schaumberg 708 619 9110
Seattle 206 343 9637
Secausus 201 863 3066
Short Hills 201 467 5657
Skokie 708 673 6604
Southampton 516 287 2104
Stamford 203 324 1067
Stony Brook 516 689 6622
St Augustine 904 823 9533
St Louis 314 993 4410
Tampa 813 253 2177
Towson 410 825 0362
Troy 810 649 0890
Tulsa 918 749 5001
Walnut Creek 510 947 5920
Washington 202 686 4331
Washington 202 338 5481 + 686
1200
Westport 203 226 7495
Williamsburg 804 229 0353
Williamsburg 319 668 1555
Winston Salem 919 760 3733
Winter Park 407 740 8900
Woodbury 516 367 2810
Woodland Hills 818 346 7560
Worthington 614 433 9011

MUTTER-UND-KIND-SHOPS
Birmingham 205 987 7566
Chestnut Hill 617 965 5687
Cincinnati 513 891 0192
Denver-Cherry Creek 303 322
9403
Farmington-Hartford 203 561
4870
Hackensack-Riverside 201 342
1222
Houston 713 622 2262
Kansas City 816 931 2810
King of Prussia 610 354 9137
New Orleans 504 586 8652
North Bethesda -White Flint 301
230 0081
Princeton 609 683 1300
Redondo Beach 310 542 6228
Schaumberg 708 240 1910

Short Hills 201 467 5657
Stamford 203 359 9902
Tulsa 918 749 5001
Walnut Creek 510 947 3932
Washington 202 686 4333

EINRICHTUNGSHÄUSER
Alexandria 701 739 2144
Ardmore 215 896 8293
Atlanta 404 842 0102
Boston 617 357 5151
Burlingame 415 344 1774
Costa Mesa 714 545 7927
Dallas 214 691 6871
Kansas City 816 531 8971
New York City 212 735 5000
Ridgewood 201 670 0868
Short Hills 201 564 9600
Washington 202 686 1200

KANADA
Willowdale 416 223-9507
Calgary, Alberta 403 269-4090
London, Ontario 519 434-1703
Montreal 514 284-9225
Ottawa 613 238-4882
Quebec 418 659-6660
Sherway Gardens, Etobicoke 416
620-7222
Toronto 416 922-7761
Toronto-Yorkdale 416 256-2040
Vancouver 604 688-8729
Winnipeg 204 943-3093

AUSTRALIEN
VICTORIA
Armadale 03 509 3365
Camberwell 03 882 3986
Doncaster 03 840 1487
Geelong 05 221 3709
Melbourne 03 602 1268
Melbourne 03 663 7096
Melbourne 03 655 1680
Richmond 03 427 9268
South Melbourne 03 690 9666
South Yarra 03 827 4735

SÜDAUSTRALIEN
Adelaide 08 232 5211

WESTAUSTRALIEN
Perth 09 321 2391
Karrinyup 09 445 1177

TASMANIEN
Hobart Tas 002 34 3484

NEUSÜDWALES
Sydney 02 261 2458
Sydney 02 232 2829
Chatswood 02 419 5352
Double Bay 02 327 1799
Mosman 02 968 1314
North Ryde 02 805 0665

Kotara 049 56 2836
Chatswood 02 411 9113

ACT
Canberra 06 285-2378
Civic 06 274-3309

QUEENSLAND
Brisbane 07 229-3982

EUROPA
ÖSTERREICH
Graz 0316 844398/844397
Innsbruck 0512 579254/579257
Linz 070 797700
Salzburg 0662 840344
Wien 01 5129312

BELGIEN
Antwerpen 03 2343461
Brüssel (nur Kleidung) 02
5128639
Brüssel (Einrichtungshaus) 02
5120447
Gent 092 240819

FRANKREICH
Paris
94 rue de Rennes 145 48 43 89
95 avenue Raymond Poincare 1
45 01 24 73
261 rue Saint Honore 142 86 84
13
Galeries Lafayette, 40 boulevard
Haussmann (Prêt-à-porter) 142
82 34 56, (Textilien) 142 82 04
11
Au Printemps
Printemps de la Mode, 64 blvd.
Haussmann 142 82 52 10
Printemps de la Maison 142 82
44 20 (Textilien)
Centre Commercial Parly Ni-
veau 1 (Textilien) 1 39 54 22 44,
Niveau 2 (Prêt-à-porter) 1 39 54
22 44
Centre Commercial Velizy Ni-
veau 2 (Prêt-à-porter) 87 66
Niveau 3 (Textilien) 130 70 87
66
Toulon 94 21 89 58
Aix en Provence 42 27 31 92
Bordeaux 56 44 10 30
Clermont-Ferrand 73 31 22 05
Dijon 80 30 04 44
Gonesse 48 63 25 87
Lille 20 06 90 06
Lyon 78 37 18 19
Nancy 83 35 21 09
Nantes 40 73 17 18
Nizza 93 16 06 93
Rouen 35 70 20 02
Straßburg 88 75 18 90
Toulouse 61 21 38 85

DEUTSCHLAND
Aachen 0241 30316
Augsburg 0821 154021
Berlin 030 2183016
Berlin (Einrichtungshaus) 030
8826201
Berlin (nur Kleidung) 030
8824934
Bielefeld 0521 177188
Bonn 0228 654908/653930
Bremen 0421 170443
Köln 0221 2580470
Dortmund 0231 141000
Düsseldorf 0211 327000
Frankfurt 069 288791
Hamburg 040 371173
Hannover 0511 326919
Karlsruhe 0721 25968
München 089 2608224
Münster 0251 42272
Nürnberg 0911 245181
Stuttgart 0711 2261064
Wiesbaden 0611 302086

ITALIEN
Mailand 2 86463532

LUXEMBURG
Luxemburg 221 320

NIEDERLANDE
Amsterdam 020 6228087
Arnheim 085 430250
Eindhoven 040 435022
Groningen 031 50185060
Den Haag 070 3600540
Maastricht 043 250972

Rotterdam 010 4148535
Utrecht 030 313051

SPANIEN
Barcelona 341 25490

SCHWEIZ
Basel 061 2619757
Bern 031 210696
Genf (nur Kleidung) 22 3113494
Genf (Einrichtungshaus) 223
103048
Zürich 01 2211394

ASIEN
HONGKONG SHOPS IN
SHOPS
Seibu 852 8017849
Sogo 852 891 1787

JAPAN
Ginza 03 35715011
Yagota 052 836 7086
Kichijoji 0422 21 1203
Jiyugaoka 03 3724 0051
Yokohama LMP 045 222 5308
Shibuya 03 3464 5011
Futako Tamagawa 03 3708 3151
Gifu Melsa 0582 66 3136
Fukuoka Tenjin 092 716 7415
Rokko Island 078 857 8119

JAPAN SHOPS IN SHOPS
TOKIO
Mitsukoshi Shinjuku 03 3225
7389

MitsukoshiNihonbashi 03 3241
5617
Mitsukoshi Ikebukuro 03 3987
6074
Tokyu 03 3477 3836
Keio Shinjuku 03 3344 0080
Mitsukoshi Ginza 03 35614050
Tobu Ikebukuro 03 3980 0041

AUSSERHALB TOKIOS
Mitsukoshi Yokohama 045 323
1683
Yokohama Prince Hotel 045 754
4655
Saikaya Kawasaki 0044 211
8581
Saikaya Yokosuka
0468 23 1234
Chiba Mitsukoshi 043 227 4731
Mitsukoshi Bandai
025 243 6333
Sapporo Tokyu 011 212 2658
Kintetsu Abeno 06 625 2332
Hankyu Umeda 06 365 0793
Kawanashi Hankyu 0727 56
1622
Mitsukoshi Hiroshima 082 241
5055
Hiroshima Sogo 082 225 2955
Hakata Izutsuya 092 452 2181
Fukuoka Tamaya 092 271 6588
Nagoya Mitsukoshi 052 252
1838
Matsuzakaya Nagoyacki
052 565 4339
Seishin Sogo 078 992 1586
Kobe Ilankyu 078 360 7528

Daimaru Kobe 078 333 4079
Tama Sogo 0423 39 2450
Kintetsu Kyoto 075 365
8024/8013
Be Me Machida Daimaru 0427
24 8174
Sanyo Himeji 0792 23 4792
Tenmaya Fukuyama 0849 27
2214
Mitsukoshi Matsuyama 0899 46
4829
Saikaya Fujisawa
0466 27 1111
Matsuzukaya Yokkaichi 0593
551241
Cita Tokiwa 0975 33 1741
Bon Belta Narita 0476 23 3236
Bon Belta Isojin Mito 0292 28
1185
Hanamatsu Matsubishi 053 452
2941
Kagoshima Mitsukoshi 0992 39
4635
Saga Tamaya 0952 28 0608
Kintetsu Nara 0742 30 2751

SINGAPUR
SHOPS IN SHOPS
Sogo 65 334 1014
Isetan Scotts 65 735 0495

TAIWAN
SHOPS IN SHOPS
Ta-Lee Isetan 886 7 241 8860
Pacific Sogo 886 2 740 9662
Shin Kong Mitsukoshi 886 2 382
4859

DANKSAGUNGEN

Der Verlag dankt folgenden Fotografen und Institutionen für freundliche Genehmigung zur Verwendung folgender Fotos: 7 Ken Kirkwood; 8-9 Camera Press; 11 Ken Kirkwood; 12 Pia Tryde/Homes & Gardens/Robert Harding; 13 Lucinda Lambton/Arcaid; 48 Marie Claire Maison/ Christophe Dugied/ J. Postic; 62 Camron Public Relations; 63 Tom Leighton/Camera Press; 87 Jan Baldwin/ Homes & Gardens/Robert Harding; 88 Richard Bryant/Arcaid; 89 Fritz von der Schulenburg/The Interior World; 104 Camera Press; 117 Elizabeth Whitting Associates; 137 Camera Press.

Die folgenden Fotos wurden speziell für Laura Ashley/Ebury Press von Tim Imrie gestaltet: 15, 16, 18, 21-3, 25-6, 29, 34-5, 40, 43, 47, 51, 52-5, 57, 59, 61, 66-7, 68, 75-6, 79, 82, 85-6, 90-91, 98-100, 103, 106-7, 108-110, 113-14, 116, 120-1, 125-7, 131, 133 und 136. Nicht erwähnte Fotos sind Eigentum des Laura-Ashley-Archivs.

Der Verlag möchte außerdem danken: The Blue Door (0181-748 9785), Crucial Trading (0171-221 9000), VV Rouleaux (0171-371 5929), Grant und Cutler (0171-498 6974), Artisan (0171-498 6974), C. P. Hart & Sons (0171-928 9660), Decorative Living (0171-736 5623), Cath Kidston (0171-221 4000), The Dining Room Shop (0181-878 1020), Joss Graham (0171-730 4370), Graham & Greene (0171-727 4594), David Wainwright (0171-792 1988) und Sacha Waddell (0171-385 6430).